ちくま新書

大学生の論文執筆法

石原千秋
Ishihara Chiaki

600

大学生の論文執筆法【目次】

部扉イラストレーション＝田中康俊

はじめに

この本は、知的な大学生活を送り、知的なレポートや論文を書きたいと思っている文科系の大学生のために書かれた。その上に、特に第一部の後半は本好きの人に読んでもらいたいと思っているし、第二部は知的にものを考えようという社会人の方にも役に立つのではないかとも思っている。第二部で解説したこつさえ身につけてしまえば、たとえば新聞の文化欄に載っているちょっと難しそうな論説文も、なんなく読めるようになると思う。

この本は第一部「秘伝　人生論的論文執筆法」と第二部「線を引くこと──たった一つの方法」の二部構成になっている。論文執筆法の本としては異色だと思うが、どうしてこういう構成になっているのか、どうしてこういう書き方になっているのかを説明しよう。

ちょっとした思い出話から語らせてほしい。

僕は学生時代にどんな風にしてレポートや論文が書けるようになったのだろうか、それをいま思い出そうとしても思い出すことができない。その頃、論文執筆法のような本があったような記憶もある。しかし、僕自身はそういう本は読まなかった。きっと、見よう見まねで身につけたのに違いない。いま思えば、ずいぶん自由自在に（と言うか、我流で）レポートや論文を書いていたものだが、卒業できたのだから、それでも通用したのだろう。その当時は、そんな牧歌的な時代だった。

はっきり覚えているのは、そしてすごく感謝しているのは、大学院生になってからはじめて論文を活字にするときに、非常勤で成城大学大学院に来ておられた先生に、個人的に指導していただいたことだ。その先生は、僕の書いた七〇枚の原稿が文字通り真っ赤になるほど何度も添削してくださった。僕は、本当に細かいところまで質問攻めにあいながら、自分の書いた原稿が目の前でみるみる真っ赤になるのを、半日も見ていたことが何度かある。それは僕が短大に就職するまで続いた。

その頃からプライドだけは高く、容易に人に心を開かなかった僕が、目の前で自分の分身が（自分の原稿は「分身」としか思えなかった）ズタズタにされていく経験によく耐えたものだと不思議に思うことがある。たぶん、僕が生きて行くにはこの道しかないと、必死だったのだと思う。

そういう「て、に、を、は」にいたるまで徹底的に朱を入れていただいた経験を通して、それまで自分がいかにいい加減な文章を書いていたのか、骨身にしみてわかった。いまはその頃とは文体もすっかり変わってしまっているが、あのときの経験がなければいまの僕はなかった。

大学の教師になったいまでは、あのときのご恩返しをするようなつもりで、今度は僕が学生のレポートや論文を遠慮なく添削し、アドバイスを書き込むことにしている。それが学生諸君にとって痛みを伴うものであることはよく理解しているが、学生時代にはそういう痛みを通して骨身にしみてわかる経験も是非必要だと信じているからだ。

しかし、教育にさほど重きを置かないいまの日本の大学では、どの学生でもこういう経験ができるわけではない。そこで、論文執筆法のたぐいがたくさん刊行されることになる。この本を書くために書店に行ってざっと眺めて、一〇冊程度の論文執筆法に関する本を買ってきた。なるほどどれもよくできていて、特に技術的な点では役に立ちそうだとは思ったが、論文を書くことはそういうことではないだろうという気がしたのも事実だ。もっと生き方や人生観に関わることではないかと思ったのだ。

作者とテクストとのつながりを無視するテクスト論の立場をとっている僕がこういうことを言うのも変な話だが、テクスト論は読者の立場に身を置いているから作者は無視できるのである。しかし、教育は違う。書く立場にいる学生に関わる仕事なのだから、学生の人生を無視することはできない。せっかく大学生になったからには、知的な人生を送ってもらいたいと願っている。そうである以上、もっと人生にふれた論文執筆法の本が一冊ぐらいはなければならないだろうと思ったのである。

それに、学問のジャンルごとに論文執筆法には癖があるから、技術的なことはいくら細部まで詰めても、最後は自分の学んでいる学問体系にあった書き方を見よう見まねで覚えるしかない。だから、この本では技術的な面の解説は最低限に抑えた。そして、技術的な体系の解説を目指しているわけではないから、断片の集合という形を採用した。

これが第一部「秘伝　人生論的論文執筆法」が書かれた理由だ。

もう一つこれまでの論文執筆法に抱いた不満があった。それは一流の論文がどういう方法によって書かれたのか、それが具体例に即して解説されていないということだった。論文執筆法が、構成なども含めた書き方の技術に還元されてしまっているのだ。

そこで、僕は一流の論文を実際に読んでもらって、それが実はたった一つの方法で書かれているということを解き明かすことにしてみた。要するに、一流の論文を構造分析して、その結果を解説したわけだ。一流の論文の方法を見よう見まねで覚えるのには、手助けが必要だろうと思ったのだ。

もちろん、大学院生や研究者になればもっと方法のレパートリーは増やさなければならないだろう。しかし、大学生にはこれ一つあれば十分なのである。事実、このたった一つの方法で研究者によって一流の論文が書かれているのだから。それが「線を引くこと」、つまり二項対立を作って論じる方法なのだ。

受験生なら二項対立を使って読めばよかった。しかし、大学生は違う。自分で二項対立が作れなければならないのだ。それは自分なりの世界を持つということ、いや自分なりの世界を創ることだと言える。つまり、クリエーターなのだ。それが知的な思考の入り口である。

実は、僕の大学生時代にはとてもそこまでできなかった。与えられた課題をこなすだけで精一杯だった。だから大学院生になって自分で課題を作り出さなければならなくなった時には、途方に暮れたことを思い出す。あの時何か手助けがあればと、いまでも思う。もちろん、二項対立的思考を否定する立場があることはよく知っている。しかし、二項対立を否定する場合でも、二項対立は〈良い／悪い〉と二項対立を使わなければならないのだ。それほど、二項対立は僕たちの思考そのものとなっている。それを乗り越えるのは、まず二項対立を身に付けてからの話である。

これが、第二部「線を引くこと――たった一つの方法」が書かれた理由だ。

この本は全体的にちょっと意地悪な書き方になっているかもしれないが、それは僕の性格から出たものだから、君たちはあんまり真似をしない方がいいと思う。

では、はじめよう。

第一部　秘伝　人生論的論文執筆法

一　誰のために書くのか、あるいは何のために書くのか

レポートにせよ論文にせよ、いったい誰のために書くのか、何のために書くのか。そこがはっきりしていない文章はそもそも文章として失格だ。

僕自身が、そういう失敗を何度も経験してきた。そこで最近は、はじめてのメディア（具体的には編集者）から原稿を依頼されたときには、ほとんど必ずそのメディアの読者層について質問する。読者は専門家か、大学院生か、学生か、はたまた「一般読者」か。年齢層や性別はどうか。それによって、説明のレベルや文体も変わる。

研究論文なら「〜である」を多用するけど、たとえば高校生向けなら「漱石は気むずかしいオヤジだったみたいだね」なんて書くかもしれない。あるいは、研究論文ならただ「漱石は〜」でいいが、高校生向けなら「君たちは学校で『こころ』という小説を学んだことがあるだろう。その作者が夏目漱石だ」なんて書きかたをするかもしれない。僕はプロの書き手とはとうてい言えないから（もしかするとセミ・プロくらいかもしれないが）、このくらいのことはできなければならない。

僕の場合、依頼された文章は論文としていわゆる業績になるものなのか、それともあまりに啓蒙的で単なる小遣い銭稼ぎにしかならないものなのか、あるいは書くことそれ自体

を楽しめる軽いエッセイなのか、そういうことのすべてを考慮して書く。ちなみに、この文章は「文科系（中でも文学好き）の大学生か大学院生が読者層で、軽いエッセイのノリ」という設定だ。そういうわけで、最後まで読んでもらえればちゃんと役に立つとは思うが、話がすぐに横道に逸れると思う。それが「人生論的」と銘打ったゆえんだ。

一・一　単位のためにレポートを書く

まずは、大学生にとって切実な問題からはじめよう。

大学でレポートを書くとしよう。それは、単位を取るために書くものだ。だからと言って読者がいないわけではない。それどころか、はっきり顔の見えるたった一人の読者がいる。その授業の教師である。その教師とどう対決するのか。そこをまず決めておかなければならない。その場合に知っておかなければならないことは、大学の教師は世間知らずで心が狭いのがふつうだということである。僕がそうであるようにね。

大雑把な言い方をすれば、人の意見に反対したり疑問を投げかけたりしながら新しい意見を言うのが研究者の仕事なのだから、大学の教師はどうしても闘争的にならざるを得ない。それが、傍《はた》からは「心が狭い」ように見えるのである。もっとも、僕の場合は向こう気が強くて、無意味に喧嘩をして、敵を増やしているケースが少なくないけれども。

こういう傾向を持っている一般的な大学教師の場合には、その教師の好みに合わせて書くのが無難だ。そんな教師にせっかくの実力を見せるのは惜しい。どうせまともに評価できるわけがないのだから。それに、そういう教師はレポートさえ返却しないのだ。めんどくさいから？　それもあるだろう。しかし、本当は自分の評価の基準を説明できないからじゃないのか？　そうだ。

文科系の科目の場合、はっきり評価の基準を説明できることはむしろ少ないのではないだろうか。答案やレポートをさまざまな要素に分解して、これが書いてあったら一〇点、これが書いてあったらもう一〇点という具合に、項目ごとに採点するなら、いっそのこと箇条書きにでもさせればいい。ある一定の枠組やテーマからいかにうまくレポートが構成されているかということを評価するなら、ピンポイントでたった一つのことだけを深く論じたレポートだって十分に評価に値するはずである。

マニュアルのように評価の基準を説明できるということは、答案の到達点がはじめから決まっているということだ。しかし文科系の科目の場合、はじめから到達点がはっきり決まっていない場合の方が多い。教師の評価の癖みたいなものがあることは否定しないが、それ以上に君たちの「個性」を評価したいと思っているからである。しかし、君たちの「個性」があらかじめわかっているわけではない。答案やレポートを読んで、はじめて君たちの「個性」がわかるのである。だから、あらかじめ評価の基準を設定することは難しいのだ。

まぁ、いくつかの授業は単位を取るだけの科目と割り切って行こう。卒業するためには、そういう科目も必要だ。

二　授業がつまらない

よく大学の授業がつまらないという声を聞くが、考えてもみてほしい。週に一〇コマ以上の授業がみんな興奮するほど面白かったら、君たちだって身が持たないだろう。教師と馬が合うとか合わないとかいう問題もあるし、週に二コマか三コマ「面白い」授業があったら、学生生活としては十分ペイしているはずだ。一週間を、その授業が中心になるように計画すればいい。残りの授業は単位を取るためと割り切ってそれなりにこなすことだ。学生時代には、クラブだってサークルだって恋愛だってアルバイトだって、やりたいこと、やらなければならないことが山ほどあるのだから。少なくとも、僕はそうしていた。ただし、それで「可」なんて取るようでは甘い、甘い。

ただし、一回だけ大失敗したことがある。一年生の時の一般教養科目（その頃は、そういう制度がまだあったのだ）で「人文地理」という授業の試験。教授が自分の書いた高い教科書を買わせるためだけの授業としか思えなかったから、本気で聞く気にはなれなかった。が、とにかく定期試験を受けた。選択問題が二つ出ていたので、その内の一つを選んで時間いっぱいかけて答案を書いた。

ところが、提出寸前に見直してみると、選択問題ではなかったのだ。二問とも答えなくてはならなかったのである。しかし、もう答案を書く時間はない。そこで一計を案じて、ちょっと前にその教授がある賞を受賞していたことを思いだして、「何とか賞（ここには正しい賞の名前が書いてあるわけだ）の受賞おめでとうございます」と付け加えておいた。そうしたら、成績は「良」だった。いい加減なおじいちゃん先生に救われたわけだ。

三〇年前の、牧歌的な時代の話。いまの大学では通用しないと思うから、念のため。いま、こういう大学があったり大学教師がいたりしたら、失格だと思う。

つまらない授業をやる教師は、こんな風にやる気もないことが多い。出席をとらないなら、そういう教師の授業はローテーションを決めてノートを取ればいい。試験前だけ頑張ることだ。一番悲惨なのは、つまらない授業を熱心にやる教師だ。こういう場合の対策は、ない。

二・一　教師のファッションと授業

僕の経験だと、つまらない授業をやる教師はいつも同じ地味でくたびれた背広なんか着ているのがふつうだ。女性だとだいたい流行遅れのスーツ。お洒落な教師はだいたいにおいて授業がうまい。つまり、身体表現を含めて、自分のプレゼンテーションに意識的だからだ。もちろん、これには例外もあるのでご注意あれ。

Gパンをはいている教師や、髪の長い男性教師も、ある種の思想を表現している。それは、「自由」という思想だろう。もちろん好き嫌いはあるだろうが、こういうことも含めて、言うまでもなくファッションは思想だ。だから、教師のファッションに注意すべしと言うのである。中にはファッションにまったく無関心な教師もいる。それは「無思想」なのではなく、「人間は内面だ、ファッションには無関心でいい」という思想を表現しているのである。世の中に思想でない表現はない。すべての表現は思想である。これは、現代思想の基本的な考え方でもある。

表現から隠された思想を取り出すのが「言説分析」と言われる方法だ。たとえば、少し前の天気予報では「台風はようやく東京を去りました」なんて平気で言っていて、問題になったことがある。「これは東京中心主義だ。東京が被害に遭わなければいいのか」と言うのだ。もっともな意見である。こういう風に、ふだん何気なく使っている表現の細部からも思想は読み取ることができるのだ。だから、教師のファッションから思想が読み取れるのは、当然のことなのである。

二・二　今すぐ大学を辞めなさい

余った時間を携帯や合コンなどの遊びにすべて使うような学生は、いますぐ大学を辞めなさい。大学はそんなバカどものためにあるのではない。大学の偏差値は大学や社会での実力を保証するものではなく、可能性を示すものにすぎない。必死に勉強しない限り、可能性は開花しない。つまり、まともな学生にはなれない。まともな文科系の学生なら、余った時間は図書館と本屋に行くものだ。そして、昼飯代を節約してでも本を買うものだ。君たちが本を買うことがすなわち文化なのだ。それに、ダイエットにもなるし。これは何度でも繰り返しておく。

二・三　レポートを返却する教師

ところで、どの大学にもごく一部にレポートを添削した上でコメントを付して返却したりするアホな教師がいるものだ。一人分で二〇分以上はかかる作業なのに。貰っている給料とその労働との釣り合いを考えていないのだろうか。「そのぶん原稿を書いて稼げばいいものを！」と、僕自身が編集者に言われたことがある。学生にすれば必修科目に当たったりすればいい迷惑で、余計なお世話だと言いたくなるところだろう。

しかし、いまの大衆化した大学ではこういうやり方でしか学生を鍛えることはできないというのが僕の信念だ。演習なら、僕は通年の授業で二〇枚以上（八〇〇〇字以上）のレポートを四回、半期の授業で一〇枚以上（四〇〇〇字以上）のレポートを三回課す。もちろん、すべて添削した上でコメントを付して返却する。もし、いまの大学でこれくらいのことをやっていないとしたら、それは間違いなく手抜きだと断言できる。

二・三・一　大学一年生でも！

こんな風にしていると、大学一年生なのに、もう活字にしても十分通用するのではないかと思われるようなレポートを書いてくる学生がたまに現れる。これが、教師の喜びだ。たとえば、ある年に一年生の授業で谷崎潤一郎の『秘密』を取り上げたら、「主人公は女の家を探すのになぜ地図を使わなかったのか」という問題設定から、若林幹夫『地図の想像力』（講談社選書メチエ、一九九五・六）やジェレミー・ブラック『地図の政治学』（青土社、二〇〇一・一二）などの当時最新の地図論をキッチリ勉強して、主人公の身体感覚の特異性を暴き出したレポートが現れてビックリしたことがある。

実は、このレポートには、最初の授業で僕が明治期の地図のコピーを配ったという伏線があるのだが、それにしてもこういう受け止め方があるとは思わなかった。「なぜしなかったのか」という問題設定自体がものすごく高級なのだ。『秘密』に関して言えば、この学生の問題設定と分析は研究レベルでも十分にプライオリティーがある。悔しいから、一〇〇点ではなくて九〇点を付けたけど。だって、百点を付けるくらいはじめから学生が優秀なら、僕のやることがなくなっちゃう、と言うか、僕自身がいらなくなっちゃうからさ。

二・三・二　教師の節度

ただし、はじめから才能に恵まれていて、放っておいてほしそうなサインを出している学生は放っておく。それが教師としての節度だと思う。

先の学生の場合、はじめのレポートの評価は「C」だった。それが、わずかひと月の間にこれだけのレポートが書けるようになったのである。僕としては、はじめの「C」という評価による介入の仕方とその時のアドバイスが正解だったのだと思いたいところだ。でも、これ以上は介入しない方がいい学生なのかもしれない。その後は、少しぐらい迷子になってもただ黙って九〇点を付け続けるのが最も良い方法なのかもしれない。

そう、僕にとって採点とは学生との最も厳しくて最も切実なコミュニケーションの方法なのだ。だから、いろいろなことを考えて点を付けている。厳しく叩いた方が伸びそうな学生にはわざと低い点を、励ました方が伸びそうな学生にはあえて高い点を出すことがある。それに、失恋したばかりの学生にも、少し点をおまけすることがある。

もちろん、これは年に四回もレポートを課すからできることである。ただし、最後の学年点は、割引もおまけもなく、正味のところで点を付ける。それでも、一年間厳しい授業についてきた学生たちだ。学年点がどうしても多少甘くなるのは、人情の自然としてやむを得ないところかもしれない。

二・三・三　実力を見せよう

学生としては、実力をぶつけてみたいなら、まず手間暇かけて学生を育てようとしている教師を見つけだすことだ。そういう教師の授業はルールと目的がきちんと設定されていることが多い。その範囲内でなら、その教師の好みに反するレポートでも認めてくれる可能性がある。

大学院生にもなって唯々《いい》諾々《だくだく》と指導教員の言うなりになっている奴は「白い巨塔」の一員になるのが落ちだ。大学院などさっさと辞めちまえ。大学院生なら、才能は必ず認められるものと信じなければならない。たしかに、学会に学閥の力学が働かないとは言わない。しかし、それでも多くの研究者は、どこの大学の出身者の論文であっても、きちんとしたものならちゃんと評価するものだ。問題は、それがそのまま研究職への就職には結びつかない場合があるというところにある。

ただし文科系の場合、学会で通用することが世間で通用することを意味するわけではない。知人の社会学者は、師匠に「学会で偉くなるということは、世間で通用しなくなるということだよ」と諭されたという。この話を聞いて、「社会学の学会も文学の学会と同じなんだね」と、いたく共感したことを覚えている。

すべてではないが、研究職への就職にはやはり学閥の力学が働く。ここで確認しておけば、学閥は力のない者のためにあるものだ。具体的には、力がない研究者を就職させるためにあるのが、学閥である。力がある研究者ならどこの大学からでも「来てほしい」と声が掛かるのだから、ボスの言うとおりに大学を移らなければならない学閥はかえって鬱陶《うっとう》しいだけである。

君たちに学閥も実力もある場合には、実力を優先して自由に生きたらいいと僕は思う。僕は「群れる」ことよりも、「孤独」や「孤立」を選ぶ。もっとも、これはもともと学閥とはまったく無縁な大学の出身者だから言えることかもしれないのだが。

最後に、才能はその持ち主を必ず不幸にすることも知っておくことだ。才能に恵まれた人間は自分自身の主人ではいられない。才能が自分の主人になるのだ。そして、生涯を通して才能に引きずり回されるだろう。桁外れの才能は人を不幸にする。人を幸せにするのははちっぽけな才能でしかない。

三　レポートの作法

才能を見せつけるためには、レポートの作法を知っておかなければならない。

僕は意地悪だから、大学一年生に何も言わずにとにかく五枚のレポートを書かせてみる。たいていものすごいことが起きる。要するに、自分のレポートが読まれるという単純な事実にまったく気づいていないらしいのだ。つまり、教師も自分と同じ人間だということに気づいていないらしいのだ。学生にとって教師は透明人間なのか？　たぶんそうなのだろう。そこで、教師は「人間宣言」を行わなければならなくなる。そう、教師もまた好みを持った「一読者」であることを学生に理解させるのだ。

三・一　タイトルを付けること

恐ろしいことに、最初のレポートではタイトルの付いていないものが出てくることが少なくない。たぶん、高校の読書感想文と同じようなものと考えているのだろう。しかし、タイトルはいわばレポートの「商標」のようなものであって、是非とも必要なものだ。だって、「無印良品」だって立派な「商標」じゃないか。そう、タイトルはプレゼンテーションの第一歩なのである。タイトルが付けられるということは、テーマが決まったということである。僕は学生に、レポートのテーマと内容が一目でわかり、かつコピーとしてカッコイイものをタイトルとして付けるように言っている。この条件を満たしているレポートは間違いなく出来がいい。

大学院生や若手の研究者にもいるのだ。何が書いてあるのかがわからないようなタイトルを付ける人が――「『三四郎』論」とか「『三四郎』研究」とか「『三四郎』を読む」とか……。こういうのは謙虚さの現れでは決してない。第一線の研究者はものすごく忙しい。名前に記号論的価値がまだない若手が（つまり、まだ名前を知られていない若手が）、こんなタイトルでもそういう一流の研究者に自分の論文を読んで貰えると思っているとしたら、それはむしろ傲慢と言うべきだろう。

三・一・二　テーマ設定と枚数

レポートにも論文にも与えられた枚数というものがある。その枚数でどれだけのことが書けるのか、そこからテーマ設定に関する戦略が始まっている。ところが、大学一年生はわずか五枚の枚数で、たとえば『三四郎』の「全体」（と、自分で思っていること）を論じようとすることが多い。あるいは、テーマを絞ったつもりなのかもしれないが、あまりにも茫漠としていることが多い。「三四郎の女性観」とか、「三四郎と三つの世界」とか、「三四郎をめぐる人たち」とか、そんな感じだ。結果として、出来上がったものはストーリーの紹介にすぎなくなる。あるいは、ある角度から『三四郎』をまとめただけのものになる。

つまり、テーマが絞れていない場合や、書くことがなくて枚数稼ぎに走った場合には、必要以上にストーリーを追ったレポートになりがちだということだ。しかし、たとえば文学の授業なら授業で扱う小説は決まっているのだから、ストーリーをまとめる必要はまったくない。ストーリーはもうすでにわかっているものとして、レポートを書けばいいわけだ。ただし、ストーリーを読み換えるタイプのレポートを書く場合には、「ふつうはこう理解されているであろうストーリー」をごく簡単に整理しておく必要はあるかもしれない。参考にした文献の長々とした紹介も必要ない。自分の設定したテーマに関係することだけを簡潔に書く。

しかし、厳密に言えば、ストーリーの要約も学生の解釈の結果である。実は小説の読みは、この「まとめ」から入るとうまくいくのである。しかし、それは「まとめ」を「まとめ」と意識して行った場合の話だ。

かつて平野謙という有名な文芸評論家がいたが、彼は文芸時評を書くときには、必ず小説の簡単なストーリーの紹介を書き込むようにしていた。それが、文芸時評の礼儀だと言うのだ。なぜなら、ストーリーの紹介をすれば、平野謙が小説のどこを読んでどこを読まなかったかがはっきりわかるからで、そういう風に手の内をきちんと明かしてから批評するのがプロとしての文芸評論家の仁義だと言うのである。最近の文芸時評はこういう仁義が守られなくなったから、文芸評論家がどこを褒めているのか、どこを批判しているのかが読者にはわかりにくくなった。

しかし、新入生のレポートはそういうレベルの話ではない。文芸評論家ならストーリーの紹介の先に批評が来るのだが、新入生のレポートはストーリーの紹介でおしまいなのである。僕が知りたいのはその先だ。そのストーリーを、学生がどういう風に料理したかを知りたいのだ。素材だけ出されても、食べようがない。

仮に五枚なら、「池の端の場面の分析だけ」とか「引っ越しの場面の分析だけ」とか「森の女の絵についての分析だけ」とか、そういうことしか書けないものだ。しかし、部分は全体を含み持つことができる。だから、それぞれ「もう一つの挑発」とか「もう一人の恋人」とか「もう一つの絵」といった具合に、たった一つの場面なのにテクスト全体の読みと関わるようなテーマ設定ができれば、最高にいい。

三・一・三　完結性と継続性

大学院生の場合は学会誌などに投稿することもあるだろう。だいたい三〇枚か四〇枚程度までという制約がある。だから、これも大きすぎるテーマを設定して、修士論文の要約や、論文の梗概《こうがい》みたいにならないように気を付ける必要がある。分析の密度を落とさないためには、テーマを意気込みよりはやや小さく設定するといい。

ただし、次の論文や次のテーマにつながるような書き方をすること。「この若手の論文なら次も読んでみたい」、そう思わせることだ。若い研究者の論文は完結性と継続性との両面を持たなければならない。大学院生は論文を書くのに精一杯で、そんな工夫まで頭が回らないかもしれない。あるいは、そんな工夫は不純だと思うかもしれない。しかし、論文もプレゼンテーションなのだ。もっといえば、「商品」なのだ。だとすれば、他の論文との差別化を図り、次も買ってい貰おうとするのは当然の努力だろう。それが、新発見であったり、新解釈であったり、新機軸（新しいパラダイムの提示）であったりするわけだ。

大変難しいことだが、このくらいの工夫と野心と智恵がなければ、研究者としては生き残れないだろう。

三・一・四　パソコンを使おう

勤務校での必要に迫られて一昨年からやっとメールを始めたばかりの僕が言うことではないけれども、大学生になったらパソコンが使えるようにならなければならない。レポートもパソコンで書くようにしたい。これは短時間で何度でも推敲可能だからだ。それがわかっているから、僕も一週間で「再提出」などという乱暴な要求ができる。パソコンが一般的になってから、たしかに学生の文章が良くなった。あるいは、上達が早くなった。

なお、文科系で縦書きのレポートや論文を書く場合には、日本語ソフトは一太郎がいい。いまはどのパソコンもワードが標準装備だが、買うときに学生証を見せれば、「アカデミック・パス」という制度によって一太郎ソフトを八四〇〇円で買える。安くはないが、使い勝手を考えれば、一太郎を買っておいた方がいい。ワードはルビを付けると行間が妙に広くなったりしてオバカさんだから、文科系には向いていない。

パソコンではどういうレイアウトがいいのか。日本文学のレポートなのだから特別な理由がない限り縦書きにする。君たちは、放っておくと横書きになる。また、僕も一太郎を使っていて、初期設定はA４サイズで40字×40行となっているが、学生には40字×30行にするように指導する。僕が添削をするためのスペースを行間に確保するためだと、きちんと説明する。だから、これが守られていないレポートはいっさい見ない。翌週までに「再提出」となる。学年末のレポートなら0点だ。当然でしょ？

三・二　レポートは綴じる

レポートの形式上の注意を述べておこう。

まず、必ずページを打つこと。レポートには字数制限があるのがふつうだから、それがすぐに確認できる。そして……。驚くべきことに、レポートを綴じないで提出する輩がたまにいるのである。僕がパラッと落として、しかもその時ページが打っていなかったらどうなるか。学生にはそういうことまで考えるように説明しなければならないのだ。こういうこまやかな心遣いは、社会に出てからも必ず役立つ。世の中は自分中心には回っていない。どんなときにも、相手がいるものだ。自分が精一杯努力したら必ず相手が認めてくれるなどと思っているのは、ガキの考え方だ。甘い！

綴じ方には好みがあるだろうが、僕は右上をホッチキスで止めたレポートが一番読みやすいので、そう指示する。右利きの場合、左上を止めたレポートは扱いにくい。また、右端を上から下へ二、三カ所止めると、本のような形にはなるけれど、添削するためにはもっと扱いにくい。だから、これはやめるように指示する。

三・二・一　段落はどうするか

すべての段落のはじめは一字下げる。大学生にまで馬鹿げた指摘だと思うかもしれないが、そうとも言い切れないのである。

段落についてでは小学校で習っているはずなのに、段落のはじめの一字下げができない学生がいるのだ。僕は高校までの作文教育が、きちんと機能していないのではないかと疑っている。学生が大学に入る前に「作文」教育を受ける機会は、もしかすると大学受験のための「小論文指導」だけなのではないだろうか。しかし段落の一字下げの問題などは、まぁ、一度言えばいいことだと思っていた。

ところが、ある編集者から聞いた話では、入社試験のための「作文」でさえ、段落の一字下げができていない学生が結構たくさんいるのだと言う。習ったのかもしれないが、頭に血が上った場面ではそれができなくなってしまうのかもしれない。それは、文章を書き慣れていなくて、形式が身に付いていないからである。こうなると、大学教育にも責任があると言わざるを得ない。

近代になって日本に大学を作る時期の話だが、日本の帝国大学は基本的なところでは研究中心のドイツの大学を見本としていた。現代になってもその遺風が残っているのである。

たとえば、大学教員を採用するときには、現在でも「研究業績」の審査がほとんどで、教育力が試されることはまずない。そういうやり方が、もう時代に合わなくなってきているのである。

「少子化で大学全入時代になったから、大学生のレベルが下がった」と言うのなら、それに見合ったスタイルに大学教育を変えていかなければならないはずだ。なぜ、それをしないのだろうか。いま大学に一番求められているのは、教育力だと思う。しかし、日本の大学はまだそれに十分に応える覚悟も、体制もできていない。悲しいことに、これが日本の大学教育の現状である。

ただし、誤解のないように付け加えておくと、これは教員が担当する授業のコマ数を増やせばいいと主張しているのではない。研究や校務を疎《おろそ》かにしていいと主張しているわけでもない。学生に迎合しろと言っているわけでもない。むしろ厳しい指導が必要になってきているくらいだ。要するに、一時代以前のように「大学生」がもう特別な「階級」ではなくなった以上、授業のやり方や質を変えていかなければならないはずだろうと言っているだけの話である。

話が大きくなりすぎた。いまの大学教育を見ていると、ついつい筆が止まらなくなってしまうのだ。この項目では、段落について説明しているのだった。

難しいのは段落の長さで「段落は意味段落が基本だから、長さを気にする必要はない」と言う人もいるが、僕は違う意見を持っている。段落は意味と読みやすさとの両方を考慮して設けるべきだという意見である。先に指定した字詰めならば、だいたいにおいて五行以上一〇行以内ぐらいが見た目にも美しいと思う。もちろん「ここで話を夏目漱石のことに戻そう」などという文は一段落でよいし、必然性があれば二、三行の段落があってもよい。しかし、一段落が一〇行以上続くとさすがに読み難い。そういうときは、適当なところで改行する。これも、パソコンなら一発だ。

三・二・二 「、」や「。」の位置

原稿用紙に手書きの場合、行の頭に「、」や「。」や鍵括弧などの「約もの」は来ないようにする注意が必要である。これら「、」や「。」や鍵括弧などの「約もの」は、原稿用紙の最後の升目の右下か左下に、ほかの字と同居させて、邪魔にならないように小さく書く。しかし、パソコンならこういうことは自動的に調整してくれるから、気にしなくていい。そういう意味でも、できるだけ早くパソコンを導入した方がいい。

三・二・三 文体は?

文体は「です、ます」は避ける。これを使われると、教師を教え諭すようで何となく嫌味なものなのだ。文末は「のである、である、のだ、だ、た、い」などにする。ただし、「のである、のだ」は強調する感じがあるから多用するとくどくなる。「ここで決めよう」というときのために取っておく。

「このように」や「そのように」の多い文章は、推敲が足りない文章の典型である。最近では小熊英二がやたらと分厚い本を出すが、たとえば『〈民主〉と〈愛国〉』（新曜社、二〇〇二・一〇）の五六四ページから五六五ページを開くと、各段落のはじめが「こうした」「このような」「六〇年安保闘争において」「とはいえこのような」「若者たちは」「そして」「こうして」「こうした」となっている。悪文と言うより、それ以前。単にしまりのない文章の典型と言うべきだろう。

誤解のないように付け加えておくと、僕はこの本の内容がダメだと言っているわけではない。世の中にはすごく優れた思考力があるのに、文章が下手な人がいる。それに、読むに値するから批判しているのである。つまらない本を批判しても仕方がないだろう。文科系の学生なら、『〈民主〉と〈愛国〉』ぐらいは読んでおいてほしい。

三・二・四　話し言葉と書き言葉は違う

レポートに「やっぱ」とか「いまいち」などと書く学生が多い。そういう学生には、話し言葉と書き言葉は違うものだと教えなければならない。言文一致などというから誤解する学生もいるが、話すように書いたら読みにくい。大学のレポートでは、「やっぱり」ではなく「やはり」、「いまいち」ではなく「いまひとつ」、「ぶっちゃけ」ではなく「率直に言えば」などと書かなければならない。

三・二・五　最近は平仮名が多い

パソコンでは漢字変換が簡単なので、接続詞を漢字で書く学生が増えている。「従って」とか「併し」とか「更に」みたいに。しかし、活字の世界では、最近は接続詞の類はほぼ平仮名で書くことになっているらしい。「したがって」とか「しかし」とか「さらに」とかだ。「〜の様に」も「〜のように」の方がいいし、「〜の為に」なども「〜のために」の方がいい。これなども「いまは平仮名がふつうだよ」と指導する。ついでに、漢字変換が簡単だからといって、ふだん使いもしない漢字をやたらと使ってはいけないとも言っておく。もっとも、これは最終的には趣味の問題かもしれない。

三・二・六 「、」は本当に難しい

文章を書き慣れない学生にとって「、」の打ち方が最も難しい。やたらと多かったり、全然なかったり。あるいは、どこで習ったのか、主語のあとは必ず「、」を打つものだと思い込んでいる学生もいる。そういう学生に、「、」は分節ごとに打つものではなく、意味のまとまりごとに打つものだということを教え込むには、レポート二回分かかるのがふつうである。

たとえば、「、」のまったくない学生に「、」を打つように添削し、アドバイスすると、次のレポートは「、」だらけになる。そこで、多すぎる「、」を朱で消し、もう一度適切な「、」の打ち方を指示するとやっと覚える、という具合なのだ。「、」の多すぎる学生はこの逆のプロセスを辿ることになる。ただ、論文のように「誤読」されては困るような種類の文章は、「、」をふだんより多めに打った方がいい。

しかし、「、」の打ち方ほど難しいものはない。たとえば、「僕は、その意見には必ずしも賛成ではないが、状況を考えれば、そのやり方も仕方がないだろう」と最初に書いたとする(こんな政治家の発言みたいな例文しか思い付かないなんて!)。そしてトイレに行って戻ってくると、もう「、」が多すぎるように感じることがある。そこで、こういう風に変更することになる。「僕はその意見には必ずしも賛成ではないが、状況を考えればそのやり方も仕方がないだろう」と。この方が、読みやすいと思う。こういう具合に、書いているうちに文章が長くなってしまって、前に打った「、」を消すことはよくあることだ。

作家では芥川龍之介の文章が「、」が多すぎて読みにくいし、最近では小森陽一の文章が「、」だらけでものすごく読みにくい。昔はあんなではなかったのだが……。なお、これも読むに値する研究者だから批判しているのである。文科系の大学生なら『ポストコロニアル〈思考のフロンティア〉』（岩波書店、二〇〇一・四）ぐらいは読んでおいてほしい。

それよりも、近年の小森陽一がほとんど本を出すたびごとにと言っていいくらい、「パクリ」を指摘されたり抗議を受けたりしているのは、超一流の研究者だけに、残念でならない。政治的なことも含めて（それが大切な仕事であることはたしかだが）、いろいろな仕事を引き受けすぎ、そして書きすぎだからなのではないかと思う。小森陽一とは個人的なチャンネルはすでに失われているし、誰かが一度はきちんと言っておかなければならないことだと思うので、あえてここに書いておく。

しかし、書きすぎという点では最近の僕も怪しいモードに入って筆が荒れてきた感じなので、再来年からはグッと書くペースを落として（来年までは予定がビッシリ……）、数年かけて静かに「世間」から消えていくつもりだ。僕などがいてもいなくても、世界は何も変わりはしない。

三・二・七　話題を変えている場合ではない

レポートは長くてせいぜい二〇枚がいいところだ。ところが、そんな分量なのに「さて」とか「ところで」とか、ひどい場合には「それはさておき」などと書いて話題を変える学生がいる。こういうのは老人がやることで、若者が、しかも短い文章でやることではない。枚数稼ぎということもあるのだろうが、レポート程度ならたった一つのテーマを一気に論じるべきだ。「さて」なんて書いている場合じゃない。

三・三　パクリはいけない

僕はいままで何度か論文をパクられたことがあるが、非常に気分の悪いものだ。僕は情報量で勝負するタイプではないから、発想をパクられるわけだ。特にSのパクリは悪質だった。研究においてはプライオリティー（優先権）という言葉があって、それを侵すことは立派な犯罪である。「剽窃《ひょうせつ》」とか「盗用」という、それを指す専門用語もあるくらいだ。研究者は世界で最初の発見者、発明者になることに命を懸けている。それがプライオリティーである。もし、大学に職を得ている研究者が「剽窃」を行ったら、辞職しなければならない場合があるほど重い罪なのだ。

ところが、学生にはそれが犯罪だという観念がない。そこで、引用のモラルとやり方をキッチリ教えることになる。「自分の意見と他人の意見とをはっきり区別しなさい」、「自分の発見と他人の発見を区別しなさい」、それだけのことだ。そこで「参考文献」というやり方もできる限り取らないように指導する。どこを「参考」にしたのかが分かり難いからだ。

しかし、研究史を知らなくて、自分でも気付かないで「パクリ」を犯してしまう場合もないではない。そこで研究史を調べる必要が出て来るわけだが、たとえば漱石の『こゝろ』のように論文が二百本もあったりすると、とてもではないがすべては調べ切れない。こういうときは二段階で論文を集めるといい。

まず、この数年間に活字になった論文は原則としてすべて集める。次に、それらの論文に何度も引用されている論文は重要度が高いので古くても手に入れる。また、自分のテーマに関わっていそうな論文も手に入れる。こういうやり方で二〇本から三〇本の論文を読めば、量としては一割から二割程度でも、質としては八割程度はフォローできてしまうというのが、研究者の常識だ。研究史を知らなければ自分のレポートの「新しさ」もわからないわけだから、是非試みてほしい。ただし、「新しい」ことだけでレポートを書くと、一点豪華主義みたいになりすぎてバランスが悪くなる場合が出て来る。すでに言われていることも（もちろん注記をして）適度に織り込んで書くのがうまいやり方だ。

三・三・一　「論文」は「資料」ではない

学生は参考にした本や論文のことを「資料」と呼ぶことが多い。だから、平気でパクッてしまうのである。「論文」と「資料」の違いをキッチリ覚えることが大切だ。たとえば、宮崎アニメに関する研究なら、当の「宮崎アニメ」が「資料」で、宮崎アニメについて論じた文章は「論文」である。

もう少し話を進めると、「宮崎アニメ研究」というジャンルにとっては「宮崎アニメ」そのものは「一次資料」と呼ぶ。そして、宮崎アニメについて論じた論文は「二次資料」と呼ぶ。研究では、基本的にはこの「一次資料」をちゃんと見て論じることが求められる。したがって、実際に自分で宮崎アニメを見もしないで、誰かが宮崎アニメについて書いた文章だけを基に論文を書くと、「君は一次資料をきちんと見ていないね」と、低い評価を受けるのがふつうである。

明治時代の新聞を研究しているのに、肝心の明治期の新聞を調査していない場合とか、アフリカの部族の結婚制度について研究しているのに、アフリカに調査に行っていない場合とか、こういう場合には同じように否定的に評価されるのがふつうだ。

こういうこともあった。僕の成城大学でのゼミ生が、なぜか東大大学院の情報学環・学際情報学府というところを「テレビ報道の研究をしたい」という志望動機で受験したら、面接でまずはじめに「では、どの会社のどの機種のテレビデッキを使うのですか」と質問されたと言う。この質問には、グッと詰まって答えられなかった。彼の「研究計画書」が単なる「作文」でしかないことが、この質問一発で見破られたのである。もちろん、不合格。翌年やっと合格した。

つまり、デッキの機能によって映像の解析度が違ってくるのだから、そこまで考えていなければ「本気」とは見なされないのだ。テレビの報道番組研究にとってはテレビの映像が一次資料である。だから、その解析度は、研究にとっての生命線である。そのことについての認識の甘さを質問で突かれたのだ。これは、研究にとって一次資料がいかに大切かを雄弁に物語るエピソードである。

もっとも、「宮崎アニメの論じられ方を論じる」という研究スタイルもある。これは「論文の上を行く論文」とか「論文についての論文」という意味で、「メタ批評」とか「研究史論」とか呼ばれる。「メタ」とは「上」という意味である。たとえば、ある時期までの宮崎アニメ研究は「自然」がキーワードだったが、ある時期からは「少女」がキーワードに取って代わるようになった、つまり、〈宮崎アニメを「近代批判」という枠組から論じていた時代から、フェミニズム批評の枠組から論じる時代に変わった〉というようなことを指摘するのが「メタ批評」の仕事である。

ただし、「論文についての論文」といっても別にふつうの論文よりも偉いわけではない。そういう論じ方もあるということにすぎない。それに、これは学生にはあまり勧められない方法である。学生なら、まずテクストをきちんと読む訓練をすべきだ。宮崎アニメそのものをきちんと「読ん」で分析し、論じる訓練をすべきだということである。

三・三・二　引用はどうするのか

レポートでの引用はどのようにするのか。詳しく説明していると長くなるが、それをしておかないといつまでも覚えられないから、この項目は長くなる。しっかり身に付けてほしい。

僕の経験では、すぐれた論文は例外なくこういう形式が整っている。逆に、こういう形式が整っていない論文は、神経が行き渡っていない証拠で、ほぼ例外なく内容もいまひとつである。学術的な論文でなくても、卒業論文の段階ではすでにこういう対応関係がある。レポートの段階では必ずしもそうではないが、早く身に付けるにこしたことはない。

では、はじめよう。

短い引用なら「　」で括ればいい。次のような具合である。

★

ミシェル・フーコーは、文学研究においては「作者」を実態として捉えるのではなく、むしろ「作者の機能する位置」を明確にすべきだと言っている。

★

この場合、「作者の機能する位置」の部分がミシェル・フーコーの言葉である。それを自分の言葉のように使えば「パクリ」になるから、鍵括弧で括ったのである。さらに、これがミシェル・フーコーの言葉であることを研究上のルールを使って明確にするためには、二つの方法がある。一つは、「作者の機能する位置」のすぐ後にパーレン（　）を使って出典を明らかにしておく場合である。以下のごとし。大学生になったら、まずはこういうやり方を覚えること。

★

ミシェル・フーコーは、文学研究においては「作者」を実態として捉えるのではなく、むしろ「作者の機能する位置」（清水徹、豊崎光一訳『作者とは何か？』哲学書房、一九九〇・九）を明確にすべきだと言っている。

★

長い引用の場合は、次のようにする。まず、地の文と引用文との間を一行あけない場合。

★

石原千秋は漱石の小説のテーマについて、次のように述べている。
●●●夏目漱石の小説の多くは、家督相続から始まる物語だと言っていい。これは漱石が
●●●留学中に学んだイギリス文学が好んで扱ったテーマであったからかもしれない（『反
●●転する漱石』青土社、一九九七・一一）。
たしかに、当時のイギリス文学が家督相続から始まる物語を好んで扱ったのは事実である。しかし、漱石が家督相続から始まる物語を好んで書いたのには、彼の生い立ちが深く関わっているのではないだろうか。

★

こういう場合には、引用部では●で指示した字数だけ下げて書く。次は、地の文と引用文との間を一行あけた場合。引用部で下げる字数の違いに注意のこと。地の分と引用文とが区別できればいいのだから、一字分下げが少なくなるのである。ただし、この場合も先のやり方と同じ字数下げてもかまわない。このあたりは好みの問題だろう。

★

石原千秋は漱石の小説のテーマについて、次のように述べている。

●●夏目漱石の小説の多くは、家督相続から始まる物語だと言っていい。これは漱石が留
●学中に学んだイギリス文学が好んで扱ったテーマであったからかもしれない（『反転す
●る漱石』青土社、一九九七・一一）。

たしかに、当時のイギリス文学が家督相続から始まる物語を好んで扱ったのは事実である。しかし、漱石が家督相続から始まる物語を好んで書いたのには、彼の生い立ちが深く関わっているのではないだろうか。

※

なお、引用の前後では地の文の文章を続けない。すなわち、次のような引用の仕方はやめた方がいいということだ。

★

石原千秋は、
●●●夏目漱石の小説の多くは、家督相続から始まる物語だと言っていい。これは漱石が
●●留学中に学んだイギリス文学が好んで扱ったテーマであったからかもしれない（『反

転する漱石』青土社、一九九七・一二）。と述べている。たしかに、当時のイギリス文学が家督相続から始まる物語を好んで扱ったのは事実である。しかし、漱石が家督相続から始まる物語を好んで書いたのには、彼の生い立ちが深く関わっているのではないだろうか。

★

こういう具合に、「石原千秋は」と書いて、字数を下げて長々と石原千秋の文章を引用し、「と述べている」と受けるのは大変読みにくい。昔はこういう風に書く「学者」がむしろふつうだったが、たとえば「石原千秋が」と書いて、字数を下げて長々と引用し、「と述べているのには疑問がある」なんて書かれたらガクッと来るだろうし、ましてや「述べてはいない」なんて書かれたら、ぶっ飛ばしたくなるだろう（あり得ないか……）。いまはこういう風に、長い引用文を読んでいる間ずっと読者を宙づりにするような引用の仕方はしないのがふつうである。きっと昔の「学者」さんは「偉かった」から、読者は「ご高説」を「読ませていただく」感じだったのだろう。

三・三・三　注の付け方

引用文献の「注」は次のように付ける。とにかく、該当の個所に注番号をパーレン

（ ）で括って示す。同じ本を複数回引用した場合にも、その度ごとに新しい注番号を付ける。つまり、同じ本を何度も引用する場合にも、（1）（2）（3）……という具合に注番号の数を増やしていくことになる。同じ番号を繰り返し書いたりはしない。

注番号はパソコンのルビ設定を使うときれいに見える。以下のごとし。

★

石原千秋は漱石の小説のテーマについて、次のように述べている。

●●●夏目漱石の小説の多くは、家督相続から始まる物語だと言っていい。これは漱石が
●●●留学中に学んだイギリス文学が好んで扱ったテーマであったからかもしれない。[1]

たしかに、当時のイギリス文学が家督相続から始まる物語を好んで扱ったのは事実である。しかし、漱石が家督相続から始まる物語を好んで書いたのには、彼の生い立ちが深く関わっているのではないだろうか。このことは、石原千秋自身もすでに示唆している。[2]

★

ただ、ルビ設定がうまく使えない場合や、ワードのようにルビを振ると妙に行間が空いてしまってみっともなくなってしまうのが厭な場合は、次のようなスタイルでもよい。

★

石原千秋は漱石の小説のテーマについて、次のように述べている。

●●●夏目漱石の小説の多くは、家督相続から始まる物語だと言っていい。これは漱石が

●●留学中に学んだイギリス文学が好んで扱ったテーマであったからかもしれない(1)。たしかに、当時のイギリス文学が家督相続から始まる物語を好んで扱ったのは事実である。しかし、漱石が家督相続から始まる物語を好んで書いたのには、彼の生い立ちが深く関わっているのではないだろうか。このことは、石原千秋自身もすでに示唆している(2)。

★

注は、次のようなスタイルで、本文の後に付ける。一字分下げる。まずは単純な例から。引用したのが、本の場合。書名は二重鍵『　』で括る。同じ本を二度引用した例を挙げよう。

★

●(1)石原千秋『反転する漱石』青土社、一九九七・一一。

●(2)前出『反転する漱石』。

★

次は、論文の場合。雑誌名も二重鍵『　』で括る。また、単行本と雑誌は刊行年月まで書き、新聞は当然刊行年月日のほかに朝刊、夕刊の別も書く。雑誌は、月刊誌なら刊行年

月だけでよいが、大学の紀要のように不定期刊行の場合には号数も書く。次の（3）は、先の（1）のように書名だけでもいいのだが、『反転する漱石』は論文集なので、書名の前にこの本の中で引用した論文名をも挙げた、丁寧な例だ。その次の（4）は雑誌論文の一般的な示し方である。例の（5）は編者がいる論文集の論文を示す場合である。書誌事項を括弧（パーレン）で括ってみた。このように注の文章が二行以上にわたるときには、二行目からは二字下げて書くのがレイアウト上美しいし、もちろん見やすい。

★

●●（3）石原千秋「『坊っちゃん』の山の手」『反転する漱石』青土社、一九九七・一一。
●●（4）石原千秋「鏡の中の『三四郎』」『東横国文学』第18号、一九八六・三。
●●（5）石原千秋「言葉の姦通──『それから』の冒頭を読む」（熊坂敦子編『迷羊《ストレイシープ》の
●●ゆくえ──漱石と近代』翰林書房、一九九六・六）。

★

注で何かコメントを書き込みたい場合は、次のようになる。

★

●●（6）家の中での次男坊の微妙な位置については、漱石テクストにしか触れていないが、
●●すでに石原千秋「次男坊の記号学」（『国文学　解釈と鑑賞』一九八八・八）に、指摘

●●がある。

●●（7）戦前の家制度における次男坊の位置については、志賀直哉『暗夜行路』について、
●●竹盛天雄に「時任家には信行という兄がいて、謙作の時任家に占める位置は低い。い
●●わば余計者の立場である」（「『暗夜行路』素描――抽象的独立人の誕生・変形・連環
●●的持続の芸術――」『日本近代文学』第3集、一九六五・一一）という指摘がある。

★

以上は、国文学系の文献の示し方である。社会学系はちょっと違う文献の示し方をするもののようだ。まず、本文から示そう。

★

漱石テクストにおいては次男坊が特別な位置を占めているが（石原千秋 1997a）、同時に、これは漱石自身の生い立ちから来るものだという側面も見逃してはならない（石原千秋 1997b）。なお、この問題については、志賀直哉研究では早くから注目されていた（竹盛天雄 1998）。

★

そして、本文の終わりに示された「引用文献」をみると、こうなっている。並べ方は本文での出現順ではなく、執筆者のアイウエオ順か、アルファベット順である。同じ筆者の

複数の文献を挙げるときには、執筆年代順である。

★

石原千秋1997a『反転する漱石』青土社
　1997b『漱石の記号学』講談社選書メチエ
竹盛天雄1988『介山・直哉・龍之介』明治書院

★

そしてこの場合、(注)は文字通り本文に関する付加的なコメントだけが書かれているものに限られる。

なお、最後に言っておくと、この項目で挙げた文献のほとんどは例示した「本文」とは現実の対応関係を持っていないので、念のため。多くは仮に入れてみただけである。

三・四　きちんとした文章を書こう

僕の知る限り、日本は主に内容を評価するような道徳的な作文教育は行っても、文章教育はほとんど行わない国ではないだろうか。繰り返すが、これは大学を含めてのことである。大学教師の多くは「いまの学生は、まともな文章が書けない」と嘆いてみせる。それなら、自分できちんと文章指導をすればいいではないか。それをしないで嘆いて見せているのは、自分の責任を学生に押しつけているだけだ。

僕は、次に示すような文章を添削する。まず単純な例を挙げて、説明しておこう。ただし、プロの新聞記者の文章だ。すべて「朝日新聞」の例である。つまり、僕はなんやかやと文句や皮肉や厭味を言いながらも「朝日新聞」を購読しているわけだ。

いま朝日新聞社発行の週刊誌『AERA』はキャリア女性向けの編集になっているが、『AERA』がまだ国際派だった頃の名物編集長、田岡俊次の署名コラムから。ある本を批判してこう書くのだ。「通読しただけで驚くような間違いが約二十カ所」（一九九九・九・二〇・朝刊）。もちろん、「一読しただけで」でなければならない。雑誌の編集長でこの程度なのだ。

次は、三洋電機がノキアと合弁会社を作ることを報道した記事から。「国内ではシャープや松下電器産業などと並ぶ大手だが、価格競争の激化などで黒字は維持しているものの「収益は厳しい」（三洋電機・前田孝一副社長）状態となっていた」（二〇〇六・二・一四・朝刊）。価格競争の激化で黒字が維持できるものなら苦労はない。これは「黒字は維持しているものの、価格競争の激化で「収益は厳しい」」とあるべきところである。

次は、古代エジプトのツタンカーメンが白ワインとともに埋葬されていたことが確認されたことを報道する記事から。この記事のポイントは「従来、エジプトで白ワイン製造が始まったのは3世紀とみられていたが、1600年もさかのぼることになる」ことが確認された点にあるらしい。「六つのつぼの残留物の成分を調べた」結果、得られた結論だと言う。

赤ブドウから皮を除いて白ワインを造る手法を古代エジプト人が知っていたとは考えにくく、残る五つは白ワインのつぼと結論づけた。ワイン用の白ブドウが栽培されていたことを示すという。（二〇〇六・二・一八・朝刊）

全体がヘンだから、こういう風に書き直すべきだろう。

調査の結果、残る五つは白ワインのつぼと結論づけた。赤ブドウから皮を除いて白ワインを作る手法を古代エジプト人が知っていたとは考えにくく、ワイン用の白ブドウが栽培されていたことを示すという。

最後に、抱腹絶倒した例を挙げておこう。飲酒と喫煙が癌に及ぼす影響について報告した記事である。

その結果、飲酒と喫煙の両方の習慣がある人は、両方ない人の危険度を一とした場合、食道がんになる危険度がはるかに高いことが分かった。（一九九九・九・二〇・朝刊）

ちょっと待って！　「はるかに高いことが分かった」という大雑把な結論を出すために、「両方ない人の危険度を一とし」てみたわけ？　たしかにその後に何倍危険かが示してあるから、「一とした」こと自体はおかしくないのだが、この文章はおかしい。これは「両方ない人の危険度よりも、食道がんになる危険度がはるかに高いことが分かった」とでもあるべきものだろう。

こんな古いものまで取ってあるなんて、僕は性格が悪いなぁ。それに、ずいぶん熱心に新聞を読んでいるものだ。自分でも感心するしかない。

三・四・一　研究者と文章

高名な研究者でも、いろいろやらかすものだ。ここでも読むに値する本から、例を挙げておこう。くだらない本は無視すればいい。日本の置かれている現状を論じて、「格差社会」という言葉を流行語の最先端まで押し上げた本の一つ、山田昌弘『希望格差社会』

（筑摩書房、二〇〇四・一二）である。僕は、この本からは学ぶものが大変多かった。それでも、批判すべきところは批判しておくのが、むしろ礼儀というものだろう。

つまり、強者の親が強者の子を育て、弱者の親は弱者の子を育てるという格差の再生産構造ができているのだ。（一五〇ページ）

言いたいことはわかるが、文章がなんかヘンだ。意地悪く読めば、「強者の親」とは「子が強者である場合の親」かもしれないし、「強者の子」は「自分の子ではない別の強者の子」かもしれない。親切に書くなら、もたもたするが、こんな具合だろうか。

つまり、強者である親が子を強者に育て、弱者である親が子を弱者に育てるという格差の再生産構造ができているのだ。

まぁ、これなどは可愛い例だ。次に、研究者としてこういう文章は決して書いてはいけないという例を挙げよう。

ひったくりに限らず、子どもの誘拐事件なども、地方の通学路でも起こるようになり、一〇〇パーセント安全と言いきれる子どもの通り道など、日本から消えてしまったように見える。(三八ページ)

実は、この前後数ページは危機を過剰に言い募るやや品のない文章が続くのだが、その中でもこれはあまりにもひどすぎる。まず、かつては「地方の通学路」では「子どもの誘拐事件」はなかったのだろうか。それがまったくなかったことがデータによって示されない限り、これは単なる印象批評、もっと厳しく言えば、「煽り」でしかないだろう。

決定的にひどいのは、「一〇〇パーセント安全と言いきれる子どもの通り道など、日本から消えてしまった」という部分である。これは「ように見える」というレトリックで逃げてはいるけれども、この文章が説得力を持つためには、かつては日本に「一〇〇パーセント安全と言いきれる子どもの通り道」が存在したのでなければならない。

しかし、「一〇〇パーセント安全と言いきれる子どもの通り道」など、いつの時代であってもあり得たはずがない。もともとあり得なかったはずのものをあったかのように前提として、それがいまあり得ないから現代は危険な時代になったと言っているのである。これも「煽り」である。

そもそも、研究者は「一〇〇パーセント」などと言ってはいけないのである。九九パーセントそうだと思っても、残りの一パーセントの可能性を確認するために最後まで努力をするのが、研究者の仕事なのだから。あるいは、九九パーセントの人がそう思っていることであっても、それに疑問を持つのが研究者の仕事なのだから。

しかし、学生はそういう研究の厳しさをまだよく理解していないから、いろいろなことを自分の持っている貧しい知識でいとも簡単に「断言」してしまうことが多い。研究者が「断言」するときは、大袈裟でなく研究者生命を賭けているものだ。大学生なら、その厳しさを知ってほしい。いや、大学はその厳しさを学ぶところだ。断わっておくが、これは大胆な発想はやめなさいという意味ではない。大胆な発想を実行に移す、その詰めの段階の話である。

三・四・二　僕の嫌いな二つの言い回し

新聞などのマスコミでよく見かける言い回しの中で僕が最も嫌いなのが、何かを批判して「〜と言われても仕方あるまい」と収める言い方だ。

これも「朝日新聞」から意地悪くストックしておいたものを、バリエーションを含めてアトランダムに挙げると、「総裁人事を選挙向けのパフォーマンスに利用したといわれても仕方あるまい」、「これでは捜査をする気がなかったといわれても仕方があるまい」、「テロを容認したと言われて仕方ないものだ」、「幹部による組織の私物化と受け取られても仕方あるまい」、「リスクを避けた志の低いサッカーだと揶揄されても仕方がない」、「今回のリコールまでの行いを見ると、会社の体質は変わっていないとの非難は免れまい」などなど。多くは「社説」からだが、一般の人の文章も含まれている。

どうしてこういう腰の引けた無責任な表現をするのか、僕には実は理解できる。自分の言葉で批判して「責任」を取るのが厭なのだろう。あるいは、自分の言葉で批判して再批判されるのが怖いのだろう。「きっと誰かが「批判」するだろう、だけど「批判」するのは私ではありません」、こういう声が聞こえてきそうだ。「批判」は他人任せというわけだ。テレビでアナウンサーや記者がレポートの終わりに、「まだ議論は始まったばかりです」などと言うのも、無責任な点では変わりはない。そんなことを言っているヒマがあったら、さっさと自分たちで「議論」すればいいではないか。日本のマスコミの無責任体質がこういう表現によく表れている。

「批判」したり、「議論」したりするのは、自分の責任で行いなさい。何度でも繰り返すが、研究者が「批判」したり、「議論」したりするときには、研究者生命を賭けているのだ。だって、研究者が「地球が回っていると言われても仕方あるまい」なんて書いたら、バカみたいじゃん。だから、こういう責任逃れのヤワな言い回しが僕は最も嫌いだ。

もう一つ嫌いなのが、「便利になったけど、何か大切なものを失った」式の言い回しだ。「天声人語」や読者の投稿が掲載される「声」欄でよく見かける語り口である。「声」欄から、例を一つ挙げておこう。

> 本当の信頼や友情は、メールのやり取りだけでは生まれないと思う。大きな、そして大切な何かを私たちは、また、失ってしまったような気がする。（二〇〇四・四・一四・朝刊）

僕がこの文章が嫌いな理由は、三つある。

まず、「本当」という言い方が嫌いだ。「「本当」とは何ですか」と聞いても、相手がまともなら「私が思っている「信頼」や「友情」のことです」という答えしか返ってこないだろう。つまり、「本当」という言葉を使う人は、「私を信じなさい」と言っているのと同じなのだ。これではまるでオカルトだろう。僕は「本当」という言い方はしないように気を付けている。もし僕の文章に「本当」があったら、それは不注意か、説明できない状態から意図的に逃げたときだ。

次に、「大切な何か」などと思わせぶりな言い方をして、その「大切な何か」の内容を明かさない点が嫌いだ。もちろん、文脈からそれが「本当の信頼や友情」のことを言っているのは理解できる。それを、こういう思わせぶりな言い方で言うのが嫌いなのだ。

そして最後に、こういう手垢の付いた語り口で文章を締め括るとカッコイイと思っているセンスが嫌いだ。まるで、面白がらせようとしてハズしてしまっているコマーシャルみたいではないか。

三・五　意見ははっきりと、提案は具体的に

僕が高校生の頃、交換ノートをしていたクラスメートから（もちろん女性）、クリスマスカードを貰った。英語でなにやら文章が印刷してあった。家に帰って辞書を引きながら読んでみると、健康法のアドバイスらしかった。それが、実に具体的なのだ。毎日二キロは歩きましょう、毎日七時には起きましょう、毎日一〇種類の野菜を食べましょう、などなど。その頃、僕はアドバイスとあらば精神論的な根性主義ばかりだと思っていたから、これには驚いた。「国が違うとアドバイスも違うんだなぁ」なんて、妙に感心したものだ。

「僕の嫌いな表現」はまだ巷には溢れているが、最近はそれでも物事をはっきり具体的に言うことが、ようやく増えてきたように思う。

僕は何かを提案するときはできるかぎり具体的に提案するようにしている。たとえば、「批評精神を養おう」という抽象的な提案なら、たぶん誰にも異論はないだろう。しかし、それでは提案としての価値がないというのが、僕の考え方だ。誰も反対しないような「意見」は意見の名に値しないと、僕は思っている。

このちくま新書から、昨秋『国語教科書の思想』（二〇〇五・一〇）を出した。そこで、『国語教科書の思想』では「批評精神」を養うために、現在の国語を、採点可能な「リテラシー」と、学年点を付けない「文学」という科目に再編したらどうかと、具体的に提案した。もちろん、賛否両論である。しかし、生産的な議論はそこからはじめるのではないだろうか。そして、具体的な提案は常に抽象的な提案をどこかで裏切る。

野村克也監督が、以前テレビで面白いことを言っていた。「判断は誰にでもできるが、決断は監督にしかできない仕事だ」と言うのである。僕はいたく共感してしまった。なるほどそうなのだ。これを選ぶと負けるというときが人生にはある。そういう判断はわりと簡単にできる。しかし、それでもあえて負ける方を選ぶ決断をしなければならないこともある。ただし、そういうときにはきちんとあとにつながるような負け方を、僕は工夫する。それが、人生の面白さである。

僕がはじめて勤めた短期大学に、学科会議で発言を求められると「こちらはこういう利点があるがこういう欠点もあって、こちらにもこういう利点があるがこういう欠点もあって」とエンドレスで延々としゃべる若手の教員がいた。ある時たまりかねた『イギリスはおいしい』の林望が、「君は何を言いたいんだか、いつまで聞いてもサッパリ分からないね」とキツーい一言を放ったことがあった。まったく同感だった。

抽象的な提案は立派でも、具体的な提案になると必ず欠点が出る。完全な具体案というものは、ない。それが具体案の宿命である。それで、「総論賛成、各論反対」ということがよく起きる。しかし、きれい事をいつまでも言っていたのでは、何も決められない。欠点を知りつつ決断しなければ何も変わらない。そう、「大切な何か」を失っても、だ。だから、判断ばかりで決断をせず、きれい事の抽象論から一歩も出ようとしない人が、僕は嫌いだ。

三・五・一　秀才さんの作文

秀才さんの文章には抽象的な提案ばかりで、具体的な提案のないものが少なくない。一つだけ例を挙げておこう。世の中にはこういう文章が溢れているから、例は一つで十分だろうと思う。

例はやはり「朝日新聞」からで、夕刊の文化欄の文章に非常に多く見られるパターンである。現在京都大学教授、佐和隆光「森政権の皮肉な役割」と題された、ちょっと以前の文章である（二〇〇一・三・二二・夕刊）。その最後の段落の全文を引いておこう。

日本型システムが復権することは、まずありえまい。(1)アメリカ型システムが最適であり続ける保証もまたない。二十一世紀の最初の十年に起こる「変化」を先取りし、それへの迅速な「適応」を積み重ねることにより、(2)革新的なシステムを構築することが、次の政権に託された課題なのである。

先に指摘したような「一〇〇パーセント」問題と同じで、研究者はこういう文章を書いてはいけないという典型が傍線部（1）である。こういう「保証」がないことなど当たり前ではないか。ないことが当たり前の事柄を「ない、ない」と言い募って危機感を煽っているとしか思えないのが、この文章だ。

ところが、こういう語り口を論文で書く「研究者」が実際にいるのである。「絶対にならなかったとは言い切れまい」とかなんとか。当たり前じゃん、そんなこと。ここにあるのは「事実」ではなく、単なるレトリックである。そんなレトリックが論文の根拠になるはずがないではないか。

問題は、傍線部（2）である。「革新的なシステムを構築すること」が重要なことは、この二〇〇一年の時点ですでに誰にでもわかっていたことだ。肝心なのは、その「革新的なシステム」の具体的な中身である。しかし、この文章はその肝心な点に関して一言の言及もなされていない。何のためにこの文章は書かれたのだろうか。ただ、「こちらはこういう利点があるがこういう欠点もあって」という具合に、現状をまとめただけではないだろうか。これが「秀才さんの作文」の典型だ。

　なぜそうなるのかは、何となくわかる。きっと彼等には見えすぎるのだろう、具体案の欠点が。「頭の良さ」が具体案を選ぶ決断を鈍らせるのだろう。しかし、この文章などは「議論はまだ始まったばかりです」といったアナウンサーの無責任なコメントとどこが違うのだろうか。夕刊の文化欄や「論壇時評」で取り上げられるような「論壇誌」（？）にはこの手の「作文」がほんとうに多いのだ。

　もっとも、こういうパターンはまだ人畜無害だからいい方かもしれない。研究者の中には、自分ではほとんど論文を書きもしないで、他人の論文の批判ばかりしている「秀才さん」もいる。実は、これは自分で論文を書かないからできることなのである。自分で論文を書けば返り討ちに合うからだということもあるかもしれないが、それは大した問題ではない。

自分できちんとした論文を書けば、ある立場を取らざるを得ない。そうなれば、その立場と同じ意見には賛成せざるを得ない。何でもかんでも批判ができるのは、自分の固定した立場がなく、批判できるポジションをその度ごとに選んでいるからなのである。だから、何も仕事をしていない「秀才さん」が最も批判が上手にできることになる。研究の世界には、たまにそういう人間がいるのである。

三・六　人生としての文体

ここで、もう少し高級な文体の話をしよう。

大学に入学したばかりの学生はまだ「文体」と呼ぶべきほどのものを持っていないのがふつうだ。しかし、中にはそうでない学生もいる。大学の付属高校に多いのだが、作文教育に熱心な高校の出身で、実際に作文がうまかったのだろうなと思われる学生の扱いが、実は大学では一番大変なのである。そういう学生は「文体」と言うよりは発想の癖のようなものを身につけていて（いや、「世界は言語である」と考える「言語論的転回」以降に生きる僕たちは「文体こそ発想である」と言うべきなのだろう）、それに凝り固まってしまっていて、それ以上伸びないことが多いのである。

なぜか。そういう学生にとっては「文体」こそがアイデンティティーだからだ。「文体」

が「等身大に人格化している」と言ってもいいかもしれない。だから、「文体」を壊すことはアイデンティティーを壊すことになってしまうのだ。高校までは生活指導があるし、作文教育も高校生の人間教育の一環としてあった。高校の読書感想文は自分の好みをかなり直接的に書いてもいい。だから、高校生の「文体」はアイデンティティー形成と不可分のものとしてある。思春期にはそういうことも必要なのだから、それはそれでいい。

だが、大学でレポートや卒業論文に使う「文体」は、高校までの読書感想文の「文体」ではない。もちろん、自分の好みから出発してもいいが、大学ではそれをいかに論理的に、あるいは実証的に述べるかが勝負なのだ。つまり、はっきり言えば、大学は学生の人生を引き受ける場ではないということだ。だから、犯罪に手を染めたり試験でカンニングでもやらない限り、原則として生活指導も行わない。君たちだって、大学で「作文教育」みたいに「文体」による生活指導をやられたら、さすがに「ウザイ」だろう。高校までの「文体」は一度さっぱりと捨ててみることだ。そこには、新しい人間関係が開けている。もちろん、新しい思考も開けている。

三・六・一　研究の文体

冷たいようだが、大学のレポートでは人間としての君たちを知ろうとは思ってはいない。

知りたいのは、君たちの思考である。だから、感想文では大学のレポートにはなり得ないのだ。人間形成が教育目標の一部だった高校まではそれも必要だが、大学ではそうではない。したがって、大学のレポートは基本的には君たちの「体験」を書く必要はない。それが必要なケースはごく限られる。

つまり、大学のレポートでは「私は〜と思う」という形式の文ではなく、「〜は〜である」という形式の文が求められる。もちろん、これも厳密には「私は「〜は〜である」と思う」という文の構造になっているのだが、いま傍線を施した「私は〜と思う」の部分は、大学のレポートでは隠されていて、書かれないのがふつうである。それが「研究」の文体なのである。この文体で書くためには研究としての根拠が示されなければならない。どういうものがまともな根拠であるかは研究ジャンルによって異なる。その手続きを学ぶのが大学である。

たとえば、「私は地球が回っているのだと思う」と言ったとしよう。もちろん、地球に関してどう思ってもかまわないわけだから、感想としてはこの文はこれでまったく問題ない。しかし、この文が研究の文体でないことは誰にでもわかることだろう。研究の文体は、「地球は回っている」と言わなければならないのだ。それだけのために、ガリレオは文字通り命を懸けたのである。そして、科学は途方もない努力をしてきたのである。これが、研究の文体の背景にあるものだ。

三・七　夏休みには不良になれ

僕は少し「熱血教師」の気味合いがある。たとえば、いまセメスター制（半期で終了する授業）が流行だが、僕はあれに反対なのだ。僕自身は「作者の死」以降の文学理論を信奉していて、「作者」の人間性なんてまったく興味がないが、文学系の授業を受け持つ身として、学生の人間的成長が文学研究に与える影響を度外視することはできないのだ。「読者」の人間性には興味があるわけだ。

その意味で、僕は「夏休み」の効用を信じている。夏休みを「忘却期間」という教師もいるが、僕はそうは思わない。学生は忘れながら習ったことを熟成させているのだし、何より夏休みにちゃんと「不良」になって一回り大人になった学生と後期の授業でまた再会することが、文学の授業を成立させるのである。失恋して、落ち込んだりぐれたりするのが一番いい。男であれ女であれ、失恋したことのないような奴は嫌いだな。「学生よ、夏休みには不良になれ」と言いたい。

それに、前期の授業に感動した一部の学生は夏休みにくそ勉強することを、経験的に僕は知っている。前期の授業で感動を与えられない教師が、夏休みを「忘却期間」などと呼ぶのだ。

三・八　たった一つのテーマで書くこと

先に「**三・一　タイトルを付けること**」の項目において僕の指示したやり方でタイトルが決まるということは、テーマが決まるということである。レポートはたった一つのテーマで書ききらなければならない。よく見かけるのは、最初の問題設定から途中から別のことを論じはじめるパターンである。枚数稼ぎという面もあるのだろうが、決められた枚数の中で一つのテーマを論じきる構成力をつける練習をすることが大切だ。この本のように、寄り道ばかりしてはいけないのである。

そして、テーマ設定は与えられた枚数に見合ったものにしなければならない。これも先に「**三・一・二　テーマ設定と枚数**」項目において述べたことである。どんなテーマが、そしてどの大きさのテーマが与えられた枚数に適切かは、何度か痛い思いをして体で覚えるしかない。はじめはどうしても大きめのテーマを設定してしまうものだが、そのうち段々と小さなテーマでなければレポートの分析の密度が確保できないことがわかってくるだろう。

テーマが小さくなれば、その分、テクストにとことん付き合った分析の密度が確保できるのである。しかも、限定的でありながら、その実たとえば『三四郎』全体の「読み」に届いているようなテーマ設定が一番可能性を持つことになる。つまり、はじめに設定した小さなテーマがいわばセンターラインとなるので、それにたくさんのサブテーマを加えて、大きな論文に発展できるということである。

ここでもう一つ重要なことを書いておこう。論文は研究史との対話から生まれるものだが、自分の論文が何に対して意味を持つのかをはっきり自覚しておかなければならないということだ。たとえば、「漱石は慶應三年の生まれとされているが、調査の結果、明治元年の生まれだと判明した」ならOKである。「漱石文学は知識人の苦悩を書いたものとされているが、実は家族関係の中での苦悩を書いた文学と読むこともできる」もOKだ。しかし、「漱石は慶應三年の生まれとされているが、実は家族関係の中での苦悩を書いた文学と読むこともできる」だったりしたら「!?」だろう。つまり、いま自分はどういう枠組（土俵）の中で論じているのかを自覚していないととんでもないことになるということだ。夢中になりすぎて、土俵の上でサッカーをしているような論文に出会うこともなくはないので、注意が必要だ。

三・八・一　論文は構成を考えること

論文でもレポートでも、ある意味では「商品」なのだから、どういう風に書けばかっこいいのか、常に構成を頭に置いて書かなければならない。要するに、プレゼンテーションなのだから。ただし、論文やレポートの場合、わかりやすい構成だけがいい「商品」になるわけではない。逆に、結論を謎のように最後まで隠しながら書く、ミステリーのような構成がカッコイイ場合もある。それも、テーマにあわせて自分で工夫すべきものだ。

構成力をつけるには、何枚かのカードに書きたい項目を書くか、一枚の紙に書きたい項目を書いて、それらがたった一つのテーマに連なるように取捨選択する訓練を繰り返さなければならない。調べたこと、考えたことを全部書けばたいていの場合まとまりが悪くなる。時には捨てる勇気も必要である。また、レポートの論の運びをカッコよくするためには、各項目をどういう配列で並べたらよいのかも、よく考えること。カードを何度も並べ替えてみて、レポートの構成を考える必要がある。一枚の紙に書いたときも同じである。失礼ながら、大学生の君たちがぶっつけ本番で書いてまとまりのいいレポートが書けるはずはない。

ここで恥ずかしながら、僕が『漱石と三人の読者』（講談社現代新書、二〇〇四・一〇）

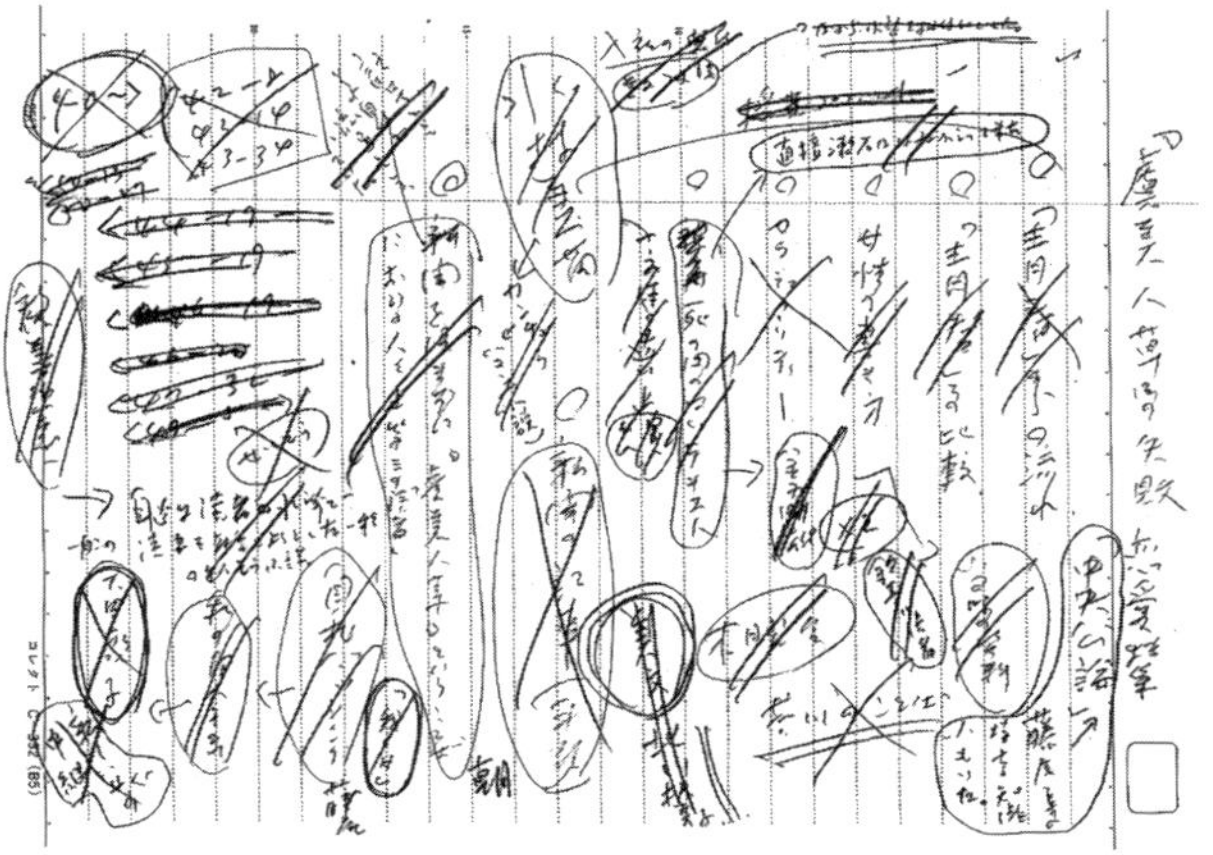

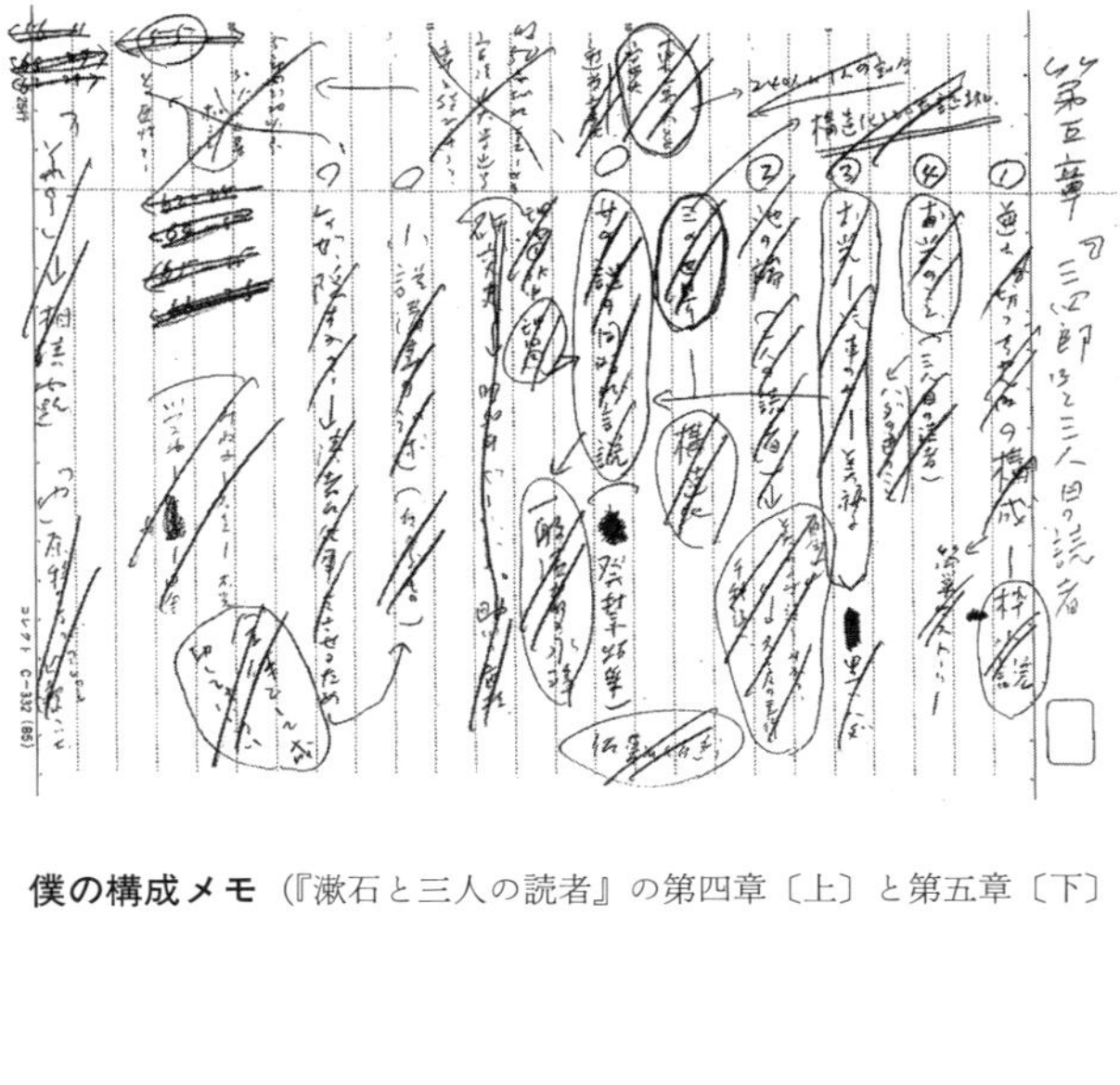

僕の構成メモ（『漱石と三人の読者』の第四章〔上〕と第五章〔下〕）

という新書を書いたときの構成メモを、載せておこう（前ページ参照）。これは、「第四章『虞美人草』の失敗」と「第五章『三四郎』と三人目の読者」の二つの章のメモである。この本は一月ぐらいの期間で書いたから、メモ自体ものすごく汚くて読めないだろうが、まぁ視覚的な参考までに。

四　批評と研究はどう違うのか

読書感想文とレポートの違いは説明した。ところが、批評と研究との違いはもう少し微妙だ。僕は皮肉混じりに「注のないのが批評で、注のあるのが研究だ」などと言うことがあるが、これは批評の多くが先行研究や批評さえも無視して書かれることが多いからだ。「研究」と「批評」とはどこが違うのだろうか。「批評」は基本的に、先に述べたような「私は〜と思う」という文体が求められる。書いた人の固有名詞がモノを言って、「あの人がこういっているのだから、そうなのだろう」という共感の仕方があってもいい。それが「批評」だ。しかし、「研究」は違う。「〜は〜である」という文体が求められる。「あの人がこういっているのだから、そうなのだろう」という世界ではない。その分野の大御所が書いたものでもまちがいがあれば（あるいは、つまらなければ）通用しないし、大学院生が書いたものでも正しければ（あるいは、面白ければ）評価される。もちろん、現実にはさまざまな要因が複雑に絡み合ってそう簡単にはいかないものだが、それが「理想」であるような世界が「研究」の世界なのである。

これをもう少し高級に言うと、いやもう少し皮肉な言い方をすると、批評は著者の名前に記号論的価値があるのに対して、研究は肩書きに記号論的価値があるとでも言えそうだ。「柄谷行人」を近畿大学教授の肩書きに正当性を求めて読む読者はいないだろう。しかし「石原千秋」の文章ならば、早稲田大学教授の肩書きがなければ大した正当性は認められないだろう。

これは無名の批評家にとっても事情は同じで、批評は固有名詞の責任において書かれるというほどの意味なのである。どんなに学問的な装いを施しても、批評は最終的には批評家の好みによってものを言っていいジャンルなのだと思う。つまり、批評においては「私はこう思う」という文体が許されるのだ。

一方、研究も最終的な存在意義は研究者の好みによる。しかし、その語り口が批評とは異なっているのだ。一般的には、研究では「私はこう思う」という文体は許されない。研究史や批評までもを踏まえた上で、何かを明らかにするような実証系の論文では「事実はこうである」と語り、物語を読みかえるような読み系の論文では「この枠組からはこう読める」と語ることが求められる。

したがって、研究は基本的には追試が可能でなければならない。つまり、たとえ読み系の論文であっても、同じ枠組を採用したならそれほど大きなブレがなく同じような結論に達しなければならないということだ。だから、研究を志すならできるだけ多くの枠組を仕入れておく必要がある。「素手」で読むべきだと説く「研究者」も少なくないが、「素手」で書けるのは読書感想文だけだ。

そういうわけで、研究はいくぶんか窮屈だ。僕はいま批評の自由さに憧れ始めている。

四・一　肩書きはどうするか

研究者の肩書きはどうするか。最近「○×大学教員」という肩書きをよく目にするようになった。「教授」とか「助教授」といったステイタスにモノを言わせる「権威主義」を嫌ったものだろう。しかし、僕には欺瞞的に見える。なぜなら、言葉は差異の体系なので、新たな言葉は新たな差別を生み出すからだ。「○×大学教員」という言い方は、たとえば「○×大学職員」を差別する。

僕が以前勤めていた成城学園には、僕のように「成城大学教授」という肩書きなど必要とせず、「青柳恵介」という固有名だけでものを書ける「職員」がいた。そういう人物が身近にいたから、僕には「成城大学教員」と書くことがためらわれたのだった。それに、経済問題を語るなら「○×総研主席エコノミスト」といった肩書きは十分に意味を持つのではないか。こういう事情を考えると、いまは「○×大学」とだけ書いておくのが穏当なのではないだろうか。もちろん、これも他の大学を差別するのだが……。だから、固有名だけで文章が書けるようになるのが、最もステイタスが高くて、かつ潔いのである。

正直な自己認識をいうと、僕の場合はちょっと傲慢で、いま「早稲田大学教授」と「石原千秋」との組み合わせが記号論的価値を持っているポジションではないかと自分を値踏みしている。つまり、アマチュアではないが、さりとてプロでもないというポジションである。まさに、セミ・プロといったところだろうか。

五　ストーリー系の論文とプロット系の論文

少し勢いが衰えてきたとはいえ、カルチュラル・スタディーズ（文化研究）が大流行だ。ところが、僕は学会版カルチュラル・スタディーズはあまり面白いとは思わない。こういう情報量で勝負する論文の多くは、情報を時系列的に羅列しているにすぎないからだ。「これは、こうなって、次にこうなって、最後にこうなりました」という語り口である。これを、僕は「ストーリー系の論文」と名付けている。しかも、だいたいにおいて「〜は近代において作られた」という結論に達することに決まっているらしい。近代は抑圧の時代だから、近代になってから「作られた」ものはみんな抑圧の装置であって、したがって「悪い」という理屈らしい。それで、僕はこれを「作られた系の論文」とも呼んでいる。

論者個人が情報を意味づけるだけの固有のモチーフを持たないから、結局「抑圧の時代である近代が悪い」という「大きな物語」にいとも簡単に接続してしまう。「正しい」ことが好きな研究ジャンルで、僕は密かに「学会の道徳の時間」と呼んでいる。

ひどい場合には「作られたこと」それ自体を指して、「作られたものにすぎない」という語り口で、それを「悪い」ものだと決めつけている論文も少なくはない。文化は人類の歴史上どこかで「作られた」ものなのだから、こういう論法で行くならすべての文化は「悪い」ことにならなければならなくなるはずなのだが、構築主義の立場に立つはずのカルスタがどこかに「悪くない本質」があると思っているらしいのだ。滑稽な話だ。

この滑稽さを大学一年生用に説明しておこう。

構築主義は、たとえば「男らしさ」も社会がつくり上げたものにすぎないと考える。簡単に言うと、「男らしく」育てるから男が「男らしく」なるに過ぎないと考えるわけだ。これとは逆に、男には生まれつき「男らしさ」が備わっていると考えるのが本質主義である。つまり、どんな風に育てようと男は「男らしく」なるはずだと考える立場だ。ところが、構築主義が「作られたものは悪い」という語り口で論じれば、必然的に「作られなかった自然のままのものは悪くない」ということになってしまう。これでは、本質主義そのものだ。つまり、構築主義の語り口の前提には、本質主義が隠されていることになる。これが「滑稽」だと言ったのである。

カルチュラル・スタディーズに話を戻せば、たしかに多くの事実を教わることはありがたいことだ。その調査に要した時間と手間を考えると頭が下がる思いもする、かというとそうでもない。退屈なだけだ。それはカルチュラル・スタディーズの論文には「なぜか」という問いが仕掛けられていないからだ。カルスタは情報を平板化する。その結果、「これこれがこうなりました」とストーリーを説明するところで終わってしまうのである。

しかし、少なくとも僕の好む論文は、「なぜか」という問いによって情報を配置するものだ。つまり、「なぜこれこれがこうなった」のか、その理由を問う論文を好むということである。ただし、この問いは固定的なものではなく、仮設的なものだ。問いを変更すれば情報の配置も変わる。中心（テーマ）が変更されれば遠近法（情報の配置の仕方）も変わるということだ。それが論理というものだ。僕はこれを「プロット系の論文」と呼んでいる。僕にとっては、「なぜか」という問いが仕掛けられていない論文は、面白くは感じられない。

五・一　カルチュラル・スタディーズの論理

カルスタはアナロジーの論理によって事実をつなげていく。〈あれとこれは一見まったく異なったレベルの出来事だが、構造が似ている〉と指摘することで、あそこにもここにも同じ権力を働かせているような見えない権力構造に思わぬ見晴らしを与えてくれることがある。これがカルスタの最大の武器だ。ただ、実際には単なる情報の羅列でしかない論文が大量生産されていることは、先に述べた通りである。

最大の武器が最大の弱点になることはよくあることで、このアナロジーの論理はあれとこれとの「事実」としてのつながりをあまり考慮しないから、「実証派」からは「いい加減」という批判を浴びることになる。特に、「事実」と「事実」との間を「実証」的に埋めていくしんどい考証を旨とする従来の歴史学からの批判は厳しいものがあると聞いている。また、カルスタの方法を採用する社会学がいわゆる一次資料に当たらずに立論するために、〈歴史学の上前をはねているだけだ〉という批判をあびることにもなるだろう（上野千鶴子『ナショナリズムとジェンダー』青土社、一九九八・三）。

それらは正当な批判であり、かつ不当な批判でもある。決して「実証」できない事柄がこの世の中にはある。研究は「実証」できる事柄だけを相手にするべきものではないと思う。しかし、カルスタもここまでくれば「実証」できることは「実証」する努力をした方がいい。カルスタの名の下に、簡単にできることを単にサボっているとしか思えない論文も少なくはないからだ。カルスタが「実証」を取り込む形でキッチリ歴史学と対決したときに、新たな展開が見えてくるはずだ。

五・一・一 「実証」というお約束

僕の研究上の立場は、文学研究上「テクスト論」と呼ばれている。作者とテクストとを切り離して論じる立場である。僕がまだ若い頃、漱石研究の専門家から「漱石全集を隅々まで読み込むのが、研究者の仕事だよ」と諭されたことがある。「テクスト論」に突っ走る僕を心配して、アドバイスをしてくださったのだろう。

しかし、その時はそんな『漱石全集』が一組あればできる「研究」なんてまるで素人のようなものではないかと、従来の研究にかえって反発を強めたものだ。実は「読み込む」といってもさまざまなレベルがあるのだから、僕の反発は底の浅いものだったが、従来の研究にはもっと根本的なところで疑問を抱かざるを得なかった。

厳密に考えてみよう。仮に漱石の書簡に「『三四郎』はかくかくしかじかの意図で書きました」とあったとして、はたしてそれを「漱石の意図」と認めていいものだろうか。単純に考えて、漱石が嘘をついた可能性を完全に否定することはできないだろう。しかし、嘘か嘘でないかは証明が難しいことだから、仮に嘘でなかったとしよう。それでも、次の問題が待っている。書簡を書いた時間と実際に『三四郎』を書いている時間との間には、タイムラグがあるのだ。

言うまでもなく、書簡と『三四郎』とを同時に書くことは物理的に不可能だ。書簡を書いたときの言葉を「漱石の意図」と認めるか、それとも実際に『三四郎』を書いているときの意図を「漱石の意図」と認めるかは、決着のつかない問題だろう。それに、実際に書いているときの意図は、『三四郎』というテクストを分析しない限り、導き出せない。と言うことは、読者ごとに「漱石の意図」が違ってきてしまうということである。なぜなら、『三四郎』というテクストの分析から導き出された「漱石の意図」は、読者の「読み」から逆算されたものにほかならないからだ。

近代文学研究では、たとえば書簡に書かれた漱石の意図を「作者の意図」と考えてきた。しかし、書簡に書かれた意図は、書簡に書かれた意図以上でも以下でもないのだ。それを『三四郎』の読み方を規定するような「作者の意図」と考えるのは、研究上の「お約束」にすぎない。そんな単純なことが、十分に理解されていなかったのである。ただし、「実証」が「お約束」にすぎないからこそ、それを学ぶことができるのだ。ところが、それが身に付いたときには、それが「お約束」でしかないことが忘れられる。研究が硬直化し、保守化するときだ。

これを少し難しく言えば、書簡に書かれた意図を「作者の意図」と考えようという「お約束」を、作者の真実の意図として「実体化」してしまったのである。つまり、あるルールによってつくられた説明の体系を、事実だと思い込んでしまったのである。あるいは、フィクションを本当だと思い込んでしまったのである。さすがに現在ではこういう素朴な形で「作者の意図」を信じる研究者はほとんどいなくなった。

もちろん僕だって、「作者の意図」がわかると信じて、自分だけの「作者の意図」通りに読む読み方を否定しているわけではない。それはいわば趣味の問題なのだから、そうしたい人はそうすればいい。「作者の意図」は「真実」だと宗教のように信じている人を、説得することは難しい。しかし、逆に考えれば、所詮は趣味の問題にすぎないとも言えるのだ。つまり、こういうことだ。「作者の意図」というルールがある以上、ゲームに参加するのは自由である。しかし、僕はそのルールではゲームに参加しないし、そのゲームを時代遅れだと判断しているということなのだ。そういう立場から見れば、「作者の意図」は唯一の「正しい意図」ではないのである。

読者は研究者に「作者の意図」を教わらなくても自由に読んで、楽しむ権利がある。

「作者の意図」通りに読まなければならない理由など、どこにもない。そうしたい人が、そうすればいいだけの話である。それが、小説というジャンルの社会的な位置づけだろう。僕は何も「法律の条文は自由に読む権利がある」などと言っているわけではない。文学というジャンルだから「自由に読んでいい」と言っているのだ。それが、現代社会の「お約束」ではなかったか。

五・二　政治的正しさとカノン壊し

カルスタがポストコロニアリズムやフェミニズム批評と手を組むと、ポリティカルコレクトネス（政治的正しさ）の色彩を強く帯びることになる。僕はこういうのを「カルスタ仕立てのポスコロ風味」と呼んでいるが、要するに「正しい」だけで退屈だ。それに息苦しい。いまさら古くさいサヨクのアジテーションを聞かされてもね。

それと関連するのが「カノン壊し」。これまで「古典的名作」と呼ばれていたテクストを貶《おとし》めることに血道を上げる研究が誕生したのである。なぜなら、そういうテクストは「抑圧的の時代である近代に手を貸したから」だからと言うのだ。まぁ、これも「正しい」ご指摘だ。たしかに、戦前に書かれた小説であまりに差別的で読むに耐えないものが決して少なくはないことは事実だ。

しかし、カノンを評価する論文が投稿されると、まさにそのことによって学会の審査で落とすという風潮が蔓延し始めたとなると（これは実際に直に耳にした「事実」だ）、ちょっと待てと言いたくなる。たしかに最近の研究が持つ「批判力」は大変な威力と論文の生産力があるし、ある時期までのフェミニズム批評がそうだったように、「批判」だけが意味を持つ時期も必要だろう。でも、いまだにそうなのだろうか？　そろそろカノンでないテクストをきちんと読める方法を、つまり論文の生産性ではなく読みの生産性を提示する方法を発明すべき時期だろう。もちろん、遠近法を欠いた情報の羅列などではない方法で、ね。

六　プロとセミ・プロとアマチュア

プロの書き手とアマチュアの書き手はどこが違うのか。あるいは、セミ・プロの悲哀はどこにあるのか。

たとえば蓮實重彥とか柄谷行人とか上野千鶴子とか三浦雅士とか加藤典洋とか吉見俊哉とか大澤真幸とか高橋哲哉とか宮台真司とか東浩紀のような名の通ったプロの批評家なら（これらの名前を一人も知らなかったら、文科系の大学生としてはかなりヤバイ状況だと思う）、メディアごとに文体を変える必要などない。それに、彼等に文体を変えなければならないような文章を依頼する編集者はいないと思う。彼等には彼等独特の文体を求めるのが、編集者というものだろう。彼等の固有名詞と文体が、それだけで「商品価値」を持つからだ。彼等には彼等の読者がいるということである。

セミ・プロはそこが決定的に違っている。「石原千秋」という固有名詞に引かれて読んでくれる読者はほとんどいない。だからこそ苦労しているのである。テーマと想定される読者ごとに内容と文体を工夫し、そのために締め切りはなかなか守れない。だから、まだアマチュアである君たちには、同様の工夫が求められるわけだ。もっとも、締め切りは守らなければならない。

これらの工夫は、固有名詞が価値を持たない僕の文章を「商品」として成立させるためのものでもあるし、場違いな文章を書いてしまって恥をかきたくないという心配も手伝っている。本音を言えば、本の場合は売れないだけだが（もちろん、これが最大の問題なのだが）、雑誌だったりすると、一人だけハズしているのは非常にみっともない。「ヤッチャッたー」と密かに恥じ入ることもあるし、「あらら、この人空気が読めなかったんだ……」と密かに気の毒に思うこともある。

六・一　「一般読者」とは誰か

編集者の側から「こういう読者に向けて書いてください」という指定があることも少ない。その中で最も苦労するのは、「一般読者に向けて書いてください」という依頼だ。

理由の第一は、「一般読者に向けて書いてください」と言う編集者は、たいていの場合具体的なプランを持っていないからだ。つまり、執筆者に丸投げというわけだ。企画を一から考えなければならないようなもので、「それなら、編集料も下さい」と言いたくなることがある。そして、僕の場合、そういう本はたいてい失敗する。どうしても研究者を意識して、「こんなやわな書き方をしてるのか」と思われたくなくて、書き方が堅くなってしまうのである。そして、それでも「一般読者」に通用すると思ってしまうのである。要するに、僕には「一般読者」の顔が見えていないのだろう。

これが、「一般読者に向けて書いてください」という依頼が失敗する第二の理由である。顔の見えない「一般読者」とは、すなわち「大衆」のことだろうが、「大衆」ほど均質でかつデコボコな人々の集まりはない。「大衆」は「みんなと同じになりたい」と思ってはいるが、一方で「自分がみんなから「浮かない」程度に、みんなよりほんの少し上を行きたい」と思ってもいる存在だからである。特に、本を読む層の「大衆」の幅は大変広い。「こんなことはもう知っている」というレベルから、「こんなことはまったくわからない」というレベルまでが「一般読者」なのである。そういう「一般読者」の多くを満足させる文章を書くことは、僕にはとうていできない。

ところが、そんな芸当をやって見せたのが夏目漱石だったと、僕は考えている。その芸当については、先に触れた『漱石と三人の読者』という本に書いておいたから、読んでみてほしい（と、宣伝しておきます）。なお、この本自体は「一般読者」を捉え損なって、ハズした。僕は漱石研究が専門だから、漱石について書くとどうしても肩肘張ってしまうので、必ずと言っていいほどハズす。これがセミ・プロの悲しいところだ。

七　モノを書く仕事をしたい

大学の教師をやっていると、たまに頓珍漢な学生がやってくることがある。特に僕の場合、『教養としての大学受験国語』（ちくま新書、二〇〇〇・七）とか『大学受験のための小説講義』（同、二〇〇二・一〇）なんて本を書いているものだから、入学前から僕の名前を知っていて、「将来、モノを書く仕事をしたい」とやって来るのだ。ところが、ほとんどの場合は挫折する。その挫折には二通りある。

七・一　小説を書きたい

一つは、小説を書きたい場合だ。西洋を舞台にした小説を書きたいという。その意気や良し。ところが、「モノを書く仕事」というイメージと大学の授業で習う研究の入門という実態とがかけ離れていて、挫折するのである。このパターンは、大変多い。文学部は小説を書く訓練をするところだと思っているらしい。勘違いである。「モノを書く仕事」は単純に「自己表現すること」だと思っていて、研究的な手続きの厳密さを受け付けないのだ。何の勉強もしないで「自己表現」が「商品価値」を持つと思っているところがまさにアマチュアたるゆえんなのだが、世の中はそう甘くはない。

かつて、「どんな人でも生涯に一編だけは小説が書ける」と言われたことがあった。つまり、一編の私小説なら書けるというわけだ。しかし、一生を生きてたった一編だけなのだ。それでは「モノを書く仕事」とは言えないだろう。志賀直哉の作家としての活動には長い空白期間があった。小林秀雄という文芸評論家は、それを志賀直哉の「人生上の苦悩」とは結びつけなかった。志賀は勉強してないからだと切って捨てた。五〇歳で亡くなった夏目漱石の作家としてのデビューは三八歳である。それまでは、英語と英文学の教師だった。つまり、文学をすごく勉強していたのだ。それを思えば、「自己表現」がそのまま「商品」になると思っているなど、甘い、甘い。

七・一・二　評論を書きたい

もう一つは、評論を書きたい場合だ。たかが大学に入っただけで天下でも取った気分になって、「文章を読んで下さい」とやって来るのだ。その意気や良し。ところが、持ってきたものと言えば、パソコンで打った紙二枚。まぁ、二千字程度だ。大学受験のための「小論文」程度の文章が「モノを書く仕事」になると思っているらしい。そこで「君、文芸雑誌を見たことある？」と聞いてみると、「何ですか、それ？」という具合である。文学を勉強するために大学生になって、上級生になっても『群像』（講談社）、『新潮』（新潮社）、『すばる』（集英社）、『文學界』（文藝春秋）、そして『文藝』（河出書房新社）という文芸雑誌の存在を知らない学生がいるのが、いまの大学なのだ。

そこで「君の言っていることは、一度もプールを見たことがないのに、水泳でオリンピックに出たいと言っているようなものだよ」と、優しく言い聞かせる。そして、トドメの一発。「文章を読んで下さいと言うから、せめて原稿用紙にして三〇枚以上のものは持ってくると思ったよ」と。唯一の救いは、他人のアドバイスを受けようとしたところである。しかし、こういう学生は二度とやって来ない。

七・一・三　アマチュア以前

彼等に何が欠けているのか。それは、自分はまだアマチュアだという自覚である。いや、アマチュアでさえないという自覚である。彼等はまだなにものでもない。若者は傲慢でなければいけないが、同時に謙虚でもなければいけない。素直に人の意見ばかり聞いていては「個性」が死んでしまうし、そうかと言って、我流だけでもピンぼけになってしまうだけかもしれない。傲慢さと謙虚さのバランスは、自分で身に付けるしかない。

実は、僕はこのバランスが取れていない。傲慢さが九九パーセント。残りの一パーセントを謙虚さと呼べるかどうか……。

八　モノを書いて生活するには

文学部のほとんどが作家の養成機関でないことは、いま述べた。最近は、文学部の不人気に危機感を抱いた大学が、文学部の教員として作家や批評家を採用しはじめたが、これなどは若者の見果てぬ夢をうまく利用しているだけかもしれない。「文壇」と言うか、「文芸ジャーナリズム」は採用枠がはっきり決まっているわけではないから、誰でも「成功」するような幻想が持ててしまうのだ。

たとえば、大不況の時代に、リストラされたサラリーマンの多くが、採用枠の決まっていないタクシー運転手になったようなものかもしれない。東京だけで一年間に三〇〇〇台もの新規参入があったこともあったと言う。これだけ大量の新規参入があれば、当然一台あたりの売上げは落ちる。一時、タクシー業界はパニックに陥ったらしい。これからは、「文壇」にも同じような状況が起きるかもしれない。

しかし、もし作家になりたいなら、文学部以外の学部に行って、世の中のことをたくさん勉強した方がいいかもしれないくらいだ。これは文芸関係の編集者に直接聞いた意見だが、芥川賞作家なら若さと才能だけでなれるかもしれないが、直木賞作家になるにはたっぷりと人生経験をしておいた方がいい、ということだった。そしてたいていの場合、芥川賞作家は本があまり売れないが、直木賞作家は本が売れる。芥川賞作家は本が売れないから作家寿命が短いような気がするし、直木賞作家は本が売れるから作家寿命が長いような気がする。少なくとも、小説家としてのステイタスは芥川賞作家の方が上みたいだが、芥川賞作家の方が貧乏そうだ。

ちなみに、芥川賞作家は先に挙げた『群像』などの文芸雑誌に原稿を書くが、直木賞作家は『小説新潮』(新潮社)、『オール讀物』(文藝春秋)、『小説ポスト』(小学館)、『小説現代』(講談社)、『小説すばる』(集英社)、『小説宝石』(光文社)などの「通俗雑誌」(?)に原稿を書くことになる。そして、新聞などに掲載される「文芸時評」には、先の「文芸雑誌」だけが取り上げられ、これらの雑誌が取り上げられることはない。こうしたところにも、芥川賞作家と直木賞作家との間に差別の構造があるようだ。

八・一　月に二〇〇枚

文学部に来た学生の多くは、自分で文章を書かなくても、将来文章に関わる職業に就きたいと漠然と考えていることだろう。文学理論の勉強がキッチリできる文学部なら（そういうところは、日本で数校しかないが）、芥川賞作家になるためには少しは勉強になるかもしれない。

では、どれだけ原稿を書いて、どれだけ本が売れれば「モノを書いて生活」できるのか。これは編集者やフリーで活動している人に「聞き取り調査」（？）をした結果だが（僕は「組織」に愛想が尽きはじめているので、フリーで暮らしていけたらどんなにすてきだろうと思って、一時期真剣に聞いて回ったことがあるのだ）、「モノを書いて生活」していくためには、四〇〇字詰め原稿用紙換算で、月に二〇〇枚は原稿を書けなければならないらしい。

先に挙げた文芸関係の雑誌の原稿料がだいたい四〇〇字詰原稿用紙一枚につき五〇〇〇円程度だから、月に二〇〇枚だと月収一〇〇万円、年収で一二〇〇万円になる。これだけ書ければ、一流のサラリーマンクラスの収入にはなるわけだ。ただし、取材費や資料代もバカにならないから、決して「優雅な生活」ができる収入とは言えない。

月に二〇〇枚と聞いたときに、「これは、俺にはフリーは無理だ」と悟った。問題は、月に二〇〇枚書けるかどうかではない。それ以前だ。そもそも月に二〇〇枚もの原稿依頼が、僕には来ないということだ。では、どうすればコンスタントに月二〇〇枚もの原稿依頼が来るようになるのだろうか。

八・一・二 「奇跡」を待つ

これも文芸関係の編集者と話し合って出た結論だ。まず奇跡が起きて、はじめて出した本が三〇万部売れてしまう。そうすると印税が四五〇〇万円ほど入り、さらに向こう五年分は仕事が入る。月産二〇〇枚の生活がやってくるわけだ。六〇分話して三〇万円ぐらいは貰える、ペイの良い講演などの「帆待《ほま》ち仕事」(サイド・ワークだ)も、はじめのうちは結構はいる。

それでも時間が経てばしだいに売れなくなってくる。生活が苦しくなれば、手許《てもと》に残った二五〇〇万円ほどの印税を年に五〇〇万円ずつ取り崩して、生活する。そうこうしているうちに、五年はすぐに経ってしまう。「売れる作家」というイメージの賞味期限が切れる頃だ。そのとき、また奇跡が起きて本が三〇万部売れてしまう。あとは、この繰り返しだ。

八・一・三　印税とは何か

ここでまったくの初心者のために解説しておくと、「印税」とは本の定価に対する著者の取り分のことで、ほとんどの場合定価の一割である。一冊七〇〇円の新書なら、そのうちの七〇円が書き手の収入となる。したがって、読者から質問が来て、八〇円切手を貼って返事を出すともう赤字だ。小説は定価一五〇〇円くらいが多いから、一冊の取り分は一五〇円になる。それが三〇万部で印税は締めて四五〇〇万円となるわけだ。

出版社から印税が支払われるのは、早いところで出版から一カ月後、遅いところだと六カ月後になる。「印税は忘れた頃にやって来る」のである。しかも、確定申告をして税金を納めなければならないから、四五〇〇万円の印税とは言っても、手許に残るのは二五〇〇万円がいいところだろう。

たいていは「刷り部数」と言って、売れても売れなくても刷った部数分だけの印税が支払われる。しかし、小さな出版社から「専門書」を出した場合には、実際に売れた部数分しか印税を支払わない場合もある。これは、「専門書」が売れない時代なのだから、仕方がないかもしれない。さらには、自分で書いた「専門書」を「教科書」にする契約を結んで売れる部数を確保した上で、やっと出版してもらえる場合もある。

僕がまだ若い頃、教科書の項目執筆の依頼が来たが、よく読むと「教科書に使うなら書かせてあげます」という条件なのだった。頭に来て断った。それが、僕が依頼原稿を断った最初のケースだ。その教科書の編者は、その頃の東京学芸大学助教授（いまは「教授」）だった。そういう経験があるから、僕は自分の本を「教科書」に指定するようなせこいことはやらない方針だ。

八・一・四　ふつう「奇跡」はやって来ない

フリーで生きていくためには、どうやら「奇跡」に頼るしか方法はないらしい。そして、ほとんどの人に「奇跡」はやって来ない。編集者に聞いても、どうしてこの本が売れたのか、どうしてこの本が売れなかったのか、それがわからない場合の方が多いと言う。つまらない本が売れたり（つまらないから売れるのだという意見もあるが）、力の入った本が売れないことは（力が入りすぎで売れないという意見もあるが）ざらだそうだ。

みすず書房という良心的な人文系の出版社があるが、前の社長は「売れるのは、悪い本だ」と公言して憚《はばか》らなかった。専門家がそう言うのだから、売れる売れないは時の運と言うしかない。それでも万が一「奇跡」が起きた場合、小説は月産二〇〇枚が可能だろうからまだいい。批評は月産二〇〇枚はほぼ不可能だから、現在日本でフリーの批評家として原稿料と印税だけでちゃんと生計を立てている人は、ほんの二、三〇名、あるいはもっと少ないのではないだろうか。

八・一・五　文芸雑誌の存在意義

フリーになったら、できるかぎり本の書き下ろしの仕事はしないことだ。なぜなら、印税しか入らないからである。雑誌に書いて原稿料を貰ってから、その原稿を本にすると、「原稿料＋印税」となるから収入が倍になるのである。

日本の文芸雑誌のほとんどが、毎月五〇〇万円ほどの赤字を出しながらも刊行を続けているのは、原稿料で作家を引き留めておくためである。年に一度「奇跡」が起きて、その中から三〇万部売れる本が出ればそれでペイできるという淡い期待と、出版社としての文学に対する使命感みたいなものが、文芸雑誌を支えている。だから、日本から文芸雑誌が消えて原稿料収入がなくなったら、多くの作家は生活に困るのではないだろうか。

そういうわけだから、出版社によっては文芸部門の編集者は肩身が狭いらしい。かつてこういう噂が広まったことがあった。『少年ジャンプ』が全盛期だった頃の集英社で、文芸部門の編集者が『少年ジャンプ』の編集者に、「廊下の真ん中を歩いてるんじゃないよ！」とすれ違いざまに言われてしまったそうだ。その頃に集英社の文芸部門の編集者に確認したら、「いや、事実なんです」と情けなさそうに言っていたから、きっと実話なのだろう。

最近は「文学」を「不良債権」と呼んで物議を醸した批評家もいたが、仮に「不良債権」だとしても、僕はそれが悪いことだとは思っていない。文化はいつの世でも、社会の余剰金と余剰な時間から生まれるものだからだ。近代以前多くの文化はパトロンが付くことによって成り立っていた。しかし、パトロンになるような階層を失った近代以降の大衆社会の中にあっては、出版社がその役割を担うことになるのは、まったく自然の成り行きではないだろうか。

八・二　はじめは書評から

ほとんどの人には、「奇跡」は起きない。特に批評家には「奇跡」は起きない。そこで、ちょっと認められた頃に来る仕事は何かというと、書評である。これは、学会誌でも同じような事情があって、売り出しの若手の研究者にいきなり四〇枚の原稿依頼が来ることはない。はじめに依頼が来るのは、書評だ。書評を何本か書かせて貰って、編集者がこれは使えそうだと思ったら、次にやっと長い原稿の依頼が来るものだ。そう言うわけで、批評家としてやっていきたいと思ったら、まずうまい書評を書く訓練をしておくことだ。

以下に、斎藤美奈子の見事に「商品」になった書評と、僕の「商品価値」のほとんどない書評とを並べておこう。同じ本を書評して、これほど残酷なまでに実力の差がでることは、滅多にないと思う。この書評の対象になっている高田里恵子『文学部をめぐる病い』（松籟社、二〇〇一・六、のち、ちくま文庫）はなかなか意地悪で、かつ面白い本だ。文学部だけでなく、文科系の学生なら是非読んでみてほしい。

『文学部をめぐる病い』（高田里恵子）の書評の比較

1、独文系「男性同盟」にみる精神史　斎藤美奈子・評

いまやご高齢の旧制高校出身者には、いささかきつい一撃であろう。だが、それ以外の人にとって、これほど興味津々というか感慨深い本もない。真っ当な批評の書であるにもかかわらず、途中、何度も噴き出してしまった。

・舞台……旧制高校・帝大・軍隊
・時代……ファシズム下の昭和十年代

・登場人物……高名なドイツ文学者たち

そんな設定の実録小説を読んだ気分。表題をつければ「車輪の上」。語られているのはインテリゲンチャの悲喜劇とでも評すしかない、ある世代の男たちの涙と栄光と勘違いの記録である。

たとえば主役のひとり、某独文学者氏。ヘッセやケストナーの翻訳で知られる氏は、戦時中、大政翼賛会文化部長としてナチス文学の紹介に努めた。が、それを糾弾するのが本書の目的ではない。問題は、積極果敢な軍国主義者でもなかったのに、彼が体制に迎合するでも抵抗するでもない半端な態度を通したこと。善良な小心者であったがゆえに、結果的には戦争に加担してしまった彼らのお気楽なニヒリズムのほうなのだ。

戦前戦後の知識人にままみられる右のような心性を、著者は一種の病理とみなし、病《やま》いの根源を旧制高校文化、ひいては彼らが心酔したドイツ経由の教養主義に求める。法学部に進んで官僚になる出世コースにも乗れず、左翼運動に身を投じる勇気もなく、教養に生きる道を選んだ情けない（がリベラルな）ボク。帝大文学部は、そんな優越感と劣等感とが半ばした愛すべき文学青年たちの巣窟《そうくつ》だった……。かかる観点からすると『ビルマの竪琴』も『車輪の下』も『きけ　わだつみのこえ』さえも、特殊な「学校小説」としての相貌《そうぼう》をおびはじめる。

副題にいう「教養主義・ナチス・旧制高校」とは、男性同盟的な美しい結束のことだと皮肉まじりに著者は書く。近代日本の精神史を批判的に検証した本であり、すぐれた男性論でもある。おもしろすぎる分、頭から湯気を吹いて怒る人もいそうだなあ。

（「朝日新聞」二〇〇一年八月二六日）

2、現代に投影される「二流」　石原千秋・評

「教養主義・ナチス・旧制高校」という副題を持つこの書物は、何と重い課題を私たちに突き付けていることだろう。この書物では、あの戦争の時代に、東京帝国大学文学部独文学科をめぐる人々が果たしてしまった役割を追いつつ、時代に誠実に生きた人々が、それ故についに「二流」の「文化人」にしかなりようがなかった悲哀が見事に語られている。

　前半の主役高橋健二は、平和主義者として生きたヘルマン・ヘッセ「車輪の下」の訳者として今でも記憶されているが、実は戦時中に大政翼賛会文化部長の職にあった。それは、自覚的には軍事態勢への内部からの抵抗であったが、その実、協力でもあったことは避けられない必然である。では、その二重性はどのように乗り越えられるのか。著者は、そこに「文学部をめぐる病い」があると言うのだ。当時ドイツ語は、フランス語のような「文学」の言語ではなく国家の言語だった。そこで、心理的アリバイが必要になった。高橋は、東大文学部の内部にはいなかった。

　だが、そもそも文学部に「文学」などありはしない。「文学」があるのは文学部の外部である。だから自分には「文学」がある。すなわち、自分は国家にくみしてはいない。こういう論法である。問題は、高橋自身がこういう論法に無自覚だったところにあると言う。筆者が「二流」と呼ぶのはそういう人物のことだ。

著者は、昭和十年代に復活した教養主義とその教養主義批判との関係にも、これと同じような構図を見る。教養主義を無自覚に批判することによってかえって強化されるエリート性である。こうして「凡庸な文化人」、すなわち「二流の書き手」が大量に生産されたと言う。もしそうだとすれば、これは間違いなく私たちの時代の構図そのものでもある。ここに映っているのはまさに私たちの自画像である。竹山道雄「ビルマの竪琴」を「一高物語」だと見抜いた眼力もさすがで、皮肉ではなく、文学が読める人だとみた。

（「山口新聞」二〇〇一年七月二日ほか〔時事通信社配信〕）

八・二・一　健康が第一

フリーとしてやっていくには、健康問題もある。組織に所属していれば、多少の病気はカバーしてくれる。しかし、フリーともなればそうはいかない。自分の体は自分で守るしかないのだ。病気をすれば、その日から原稿が書けなくなる。収入もなくなる。

昔ある人が、木下順二という高名な劇作家にフリーになりたいと相談をしたことがあったらしい。そのときの木下順二の答えは、「締め切りよりも健康を優先できないのなら、フリーにはなれないよ」というものだったそうだ。それで、相談した人は諦めたと言う。

もちろん、大家だから言えるアドバイスだが、締め切りを守るために徹夜を繰り返すよう

項目＼評者・評点	斎藤美奈子・評　評価	点	石原千秋・評　評価	点
内容紹介度	筆者の論理の展開を追ってはいないが、自分なりのパースペクティブで、加不足なく全体を紹介している。	9点	筆者の論理の展開につきすぎて、全体像がややボヤけている。もっと事実を書き込めなかったものだろうか。	6点
批評度	きっちりフェミの立場をとっていて、全くブレがない。評価の軸が明確かつ明解。	10点	紹介が批評をかねるというやや腰のすわらない姿勢と、最後の文学主義がチグハグになっている。	5点
文体度	全く元気のいい、いきいきした文体で文句のつけようがないが、ミナコ節のマンネリ化の分を2点減点。	8点	この人は自分の文体があるのだろうか。「だ」止めで何とか元気を出そうとしているが、苦しいところだ。体調でも悪かったのか？	3点
エンターテインメント度	自分のスタンスをはっきり示し、何を楽しんだのかをしっかり伝えようとする姿勢が明確。楽しい書評である。	10点	「学者」はアホであるのか。深刻ぶると重いテーマが伝わると思っているところがアホである。	0点
もう読んじゃった感じ、あるいは読みたくなった度	読んじゃった感じ度は高いが、スタンスが明確な分、「ボク」は読まないぜという反発も少なくないはず。	7点	「真面目」な読者だけにはアピールするのでは？	4点
肩書・知名度	世の中には名づけられなくて「文芸評論家」となっている人も多いが、ミナコさんは本物。名前だけでも十分通用する。でも、名前をチラッと見て、「嫌い」という人も少し、いそう。	8点	肩書・名前ともに、ほとんど意味をなさない。商品価値の低さは可哀相なくらいである。	2点
スピード度	6月18日発行の本を2か月後に書評しても、もう本屋に現物はなく、ほとんど意味がない。朝日の体制の悪さを考慮して2点だけ出した。	2点	発売後2週間での書評はみごとである。スピードだけがとりえであった。	10点
総合点	非常に完成度の高い書評である。書評それ自体に商品価値がある。ただし、2か月後ということで、1点減点した。	9点	こんな書評を書いているようではフリーになる夢は絶対にかなうまい。	3点

「元気な書評」と「ヤボな書評」の比較評価

では、長くフリーではやっていけないのである。

九　受験勉強がナンボのものか

新入生の勘違いの根っこには、たぶん受験勉強が自分の才能や実力の保証になっているという思いがある。特に偏差値の高い大学に入った学生にその傾向があるようだ。大人にもそういうのがいる。母校愛は微笑ましいだけで嫌いではないが、自分の出身大学の偏差値を内面化した大人ほどみっともない人間はいない。

僕はなにも受験勉強が無意味だと言っているのではない。受験勉強でもそれなりに身に付けられるものがあると思ったからこそ、『教養としての大学受験国語』とか『大学受験のための小説講義』なんて本を書いたのだから。しかし、高学校歴も含めて、受験勉強で得たものは「モノを書く仕事」にとってはごく一部でしかないし、ましてやその人の能力の全体から見ればごくごく一部でしかない。

僕が前に勤めていた成城大学文芸学部は半ば東京大学の植民地化していて、教員の約三分の一が東京大学の出身者だった。その中には、研究、人格ともに立派で、僕などが何をどうやってもまるで足元にも及ばないと思わせられる、惚れ惚れするような教員も数名はいた。エリートというのは、こういう人のことを言うのだろうとつくづく思ったものだ。

しかし、それ以外は「昔、東大を受験したときには秀才だったんだろうなぁ」という感想を抱かせるような教員ばかりだった。特に文科系の研究の多くは一人で行うものだから、その教員の優劣がはっきり出てしまうのである。東大でこんな感じなのだ。受験勉強なんて、その程度のものだ。

もっとも、日本はまだそれなりの高学校歴社会だから、必死に受験勉強をして偏差値の高い大学に入っておくことは決して無意味ではない。偏差値の高い大学に入れるなら、それにこしたことはない。君たちがいま偏差値の高い大学にいるなら、それを誇ってもいい。しかし、「モノを書く仕事」にとって受験勉強はこの程度のものでしかないということは、知っておく必要がある。いまの社会では、偏差値の賞味期限がどんどん短くなっていることも忘れないでほしい。

それ以上は、大学時代にどれだけ勉強したかにかかっている。勉強しないで、入学時の「実力」のまま卒業論文を書かなければならないケースが、実はある。それは少し高級な「作文」ではあっても、決して「研究」にはならない。はっきり言って、僕のゼミではやっていけない学生である。僕は、そんな自分を鍛えて来なかった学生を相手にしようとは思わない。僕の人生はそういう学生を相手にするためにあるのではない。

九・一　悲しい浪人生

高校生時代の僕の時間は、交換ノートと恋愛と読書とトランプのナポレオンとブリッジで埋め尽くされていた。高校二年生の僕は、二人のガールフレンド（懐かしい響きの言葉だ、たしかに「フレンド」以上でも以下でもなかった）と交換ノートを熱心に書いていた。むこうは僕一人が相手だから、一日おきでいい。しかし、僕は毎日二時間以上書かなければならない。普段の勉強にも差し支えが出るくらいだった。受験勉強など、まったく手に着かなかった。

高校三年生の時には、クラスメイトと恋に落ちた。もちろん、受験勉強などさらに手に着かない。浪人。ところが彼女はしっかり合格して（女の残酷さを知ったのはこのときだ）、大学のサークルの先輩と恋に落ちた（こっちが浪人生では、勝負にならないだろう）。失恋。当然、受験勉強は手に着かない。予備校には、合計で三〇日も通ってはいないと思う。

今度は同じく浪人生活を送っている親友と、週に一度の割で往復書簡を交わしていた。そして、猛烈に小説を読んだ。当時新潮文庫は明治・大正期の名作を多く出していたから、それらのすべてを買って読んだ。読み終わったら恋の傷は癒えていたけれども、もう二月も終わっていた。気が付いたら、現役の時と同様に、すべての大学に落ちていた。

こういうこともあった。東京教育大学（いまの筑波大学）にも願書を出したけれど、さすがに絶対に受からないとわかっている大学を受験する気にはなれなかった。受験の当日の朝、弁当を持って家を出て、図書館で時間を潰して、夕方適当な時間に家に帰った。合格発表の日にまた出かけるのが自分でも滑稽で、ひどくしんどかったことをよく覚えている。

これで二浪かと覚悟を決めたとき、偶然成城大学の三月試験（二期試験）の新聞広告を見て、受験することにした。生まれてはじめて「赤本」というものを買って、成城大学の出題傾向を分析した。かなりはっきりした傾向があることがわかった。急遽それに合った参考書を買って、二週間一日十時間も必死に勉強したら、ヤマがピッタリ当たって合格した。いい加減な受験生だ。しかしその後の大学院受験も、ヤマを張ってピッタリ当てて合格したのである。ヤマを張る能力は、このとき身に付いたらしい。

僕の受験勉強は実質二週間だったけれども、おかげで一浪ですんだし、なにより「火事場の馬鹿力」の出し方を覚えたのが、その後の人生にとって一番役に立った。もっとも、これで妙な自信をつけてしまって、その後の人生は「火事場の馬鹿力」だけでやり過ごしている気味合いがある。これは困ったものだ。

この話の教訓はといえば、文章は切実なときに切実な相手と交わすのが一番鍛えられる、ということだ。小説を読むのも、同じだ。切実な動機で読むのが、一番身に付く。僕が仮にいまセミ・プロ程度の書き手としてなんとかやっていけているとするなら、その土台はこういう経験がつくってくれたのである。

九・二　大学生はどこで勉強するのか

一番悲惨なのは、受験勉強だけして偏差値の高い大学に入って、プライドが高いだけの学生になってしまった場合だろう。ほかに何も知らないことに、自分で気づかないのだ。ほんとうは、そういう学生こそ大学時代に勉強しなくてはならない。能力があるのだから、もったいないではないか。

では、どこで勉強するのか。大学は高校でも予備校でもない。だから、教室で学ぶことは最低限のことでしかない。僕の学生時代に有名な研究者が成城大学に赴任して来たら、友人が興奮して「あの先生の授業を取ると、本を三冊読んだくらいの力が付くらしいのよ」とか何とか言っているのを聞いて、授業を取るのをやめた。だって、本を三冊読むだけなら一〇時間もあればできるが、一年間授業を聞くのは数十時間かかるのだから。それなら、本を読んだ方が効率がいい。

つまり、文科系の大学生は教室の外、つまり本で学ぶものなのである。教室の外で勉強していない大学生は、まともな大学生とは言えない。僕自身も大学生時代に一番くそ勉強をしたが、そのほとんどは実質的には独学である。一番読んだのは、現象学関係の本と構造主義関係の本とフランスの思想家ロラン・バルトの翻訳を次々に出していたみすず書房の本である。みすず書房の本は難解で、なぜかすべて白っぽい装幀だったから、「白難《しろなん》」と呼ばれていた。大学の教師の方が専門分野に関する知識量はあるかもしれないが、彼等はこうした思想的な鍛え方はまったくしていないから、僕たちははなからバカにしていた。大学の教師などには、まったく期待してなかったわけだ。

しかし、そのとき独学で得た問題意識が、いまも「作者」を相手にしない「テクスト論」として、僕を支えている。あるいは、僕を縛っている。もっと言えば、高校生時代の交換ノートの主なテーマの一つは、「他人の心はわかるか」というものだった。僕は「わからない」と言い張った記憶がある。それが、小説テクストからは「作者」のことなんかわかるはずがないという「テクスト論」という思想に魅力を感じさせたのかもしれない。

ただし、現在の人文科学は一九八〇年代に重装備の理論武装をした「現代思想」を踏まえているから、学生の独学では理解が難しい点があるのは事実だ。そこで、授業ではその基本を学ぶ必要があると言っているのである。そのあと、それをどういう風に使うのか、どういう風に応用するのかは、自分でどんどん試みるのがいい。それが大学生というものだ。そういうときに上手に教師のアドバイスを受けるといい。ただし、そういうアドバイスがちゃんとできる教師は一〇人に一人位の割合しかいないと思っていた方がいい。

九・二・一　まず図書館に行こう

大学生になったら、まず大学の図書館に行こう。図書館を使いこなせるようになることは、大学生の絶対条件である。はじめはわからないことだらけだろうから、遠慮することなくレファレンス担当の職員にジャンジャン質問をしよう。そして、とにかく本を借りよう。しかし、ここに大きな問題がある。

実は図書館は「死んだ本」が置いてある場所なのだ。別の言い方をすれば「評価の定まった本」ということになるが、これには古い本という意味も含まれる。大学に入りたての学生が参照する文献を見ていると、「どうしてこんな古い学説を引いてくるのだろう」と思わせられることがよくある。まだ研究ジャンルに関する地図（研究ジャンル全体の中での、個々の学説の位置づけ）が出来上がっていないのだから仕方がない面もあるが、そうなってしまう理由の一つは「生きた本」を見ていないからだろう。

九・二・二　次に大型書店に行こう

そこで、大型書店に是非とも行く必要が出てくるわけだ。大型書店がなくても生協が充実しているところなら、生協の書籍購買部でもいい。そういうところに行って、「生きた本」を手に取ってみて、そして買わなければ、まともな大学生とは言えない。そして、トレンドの思想を頭に入れておく必要がある。でないと、流行の移り変わりが早い現代の人文科学や社会科学にはついていけないだろう。

大型書店はどこでも同じようなものだと思っていたら、トンでもないまちがいだ。町の本屋はたいていどこでもベストセラーと雑誌と文庫しか置いていない。それに、旅行案内と実用書くらいだろうか。個性的で志の高い本屋もあるが、残念ながらごく限られている。大型書店は広い空間があるから、同じにはなり得ない。大型書店にこそ個性がある。

大型書店では、入り口に近いところに本が積んである。それがそのときのベストセラーであり、あるいはその大型書店が是非売りたいと思っている本だ。まずはそれらを一通り見て、その書店がどの程度のレベルの客層を想定しているのかを、想像してみるといい。それがそのままその大型書店のレベルと哲学である。ベストセラーはどこでも置いてあるから、それだけでは判断の基準にはならない。ベストセラーしか置いてない書店は哲学を持っていないから、大型書店の名に値しない。広い売り場面積は、書店の哲学を表現する空間でもあるのだ。

大学生になったら、できるだけ多くの大型書店を見て回ってほしい。そして、書店に入って長くて数分で、できれば数秒で、その書店のレベルと哲学を見抜けるようになってほしい。はじめは、自分の得意分野の棚に行くといい。そうすれば、どの程度の充実度かを判断しやすい。「あの本が置いてない」とか、「こんな本もあったのか」とか、さまざまな感想を持つはずだ。そうした経験を蓄積して、書店利用者のセミ・プロになってほしい。君たちの批評眼は、きっと日本の書店を鍛えるだろう。そして、君たちが買った本は、きっと日本の出版文化を支え、育てるだろう。

一〇　本は買おう

本はできるかぎり身銭を切って買うものである。買えば、たとえ読まなくても、「ツンドク」だけで十分身に付いて、読んだと同じような効果がある。これは本当だ。理由は、それまで右から左へと素通りしていたその本に関する情報が、身銭を切って買った痛みがあるから、知識として頭に留まるようになるのである。それをかき集めれば、だいたいその本に何が書いてあるかは解る。そして、その本を読んだかのような口を利けるようになるのである。

もちろん、これはイカサマである。けれども、若者はイカサマをしてでも背伸びをするものだろう。いや、背伸びをしなければならない。そして、頭の良さをひけらかすように、これ見よがしに小難しい文章を書くものだ。知的な背伸びをしない若者は、成長しない。知ったかぶりは、若者の特権だ。だから、「もっとやさしい文章を書きなさい」などという指導は、若者にするものではない。そういう指導をする教師は、相手にしなくていい。「もっとわかりやすい文章を書きなさい」というアドバイスなら、あってもいいかもしれない。

大人になったら、「知らぬ振り」が大物で、「知ったかぶり」は小物の証明なのだから、僕みたいに五〇歳になっても知ったかぶり人生を送っているのでは、ちょっと恥ずかしいかな。

一〇・一　蔵書ノートを付ける

「ツンドク」の秘訣を教えよう。蔵書ノートを付けるのである。僕は大学生時代から現在に至るまで、一冊の蔵書ノートを付け続けている。もちろん、もうボロボロである。ページも足りなくなっているので、別のノートのページを切り離して、差し込んである。その結果、ノートははじめの倍に膨れあがっている。

試みに、恥を忍んで最近の記録を公開してみよう（次ページ）。「社会・政治・法律・経

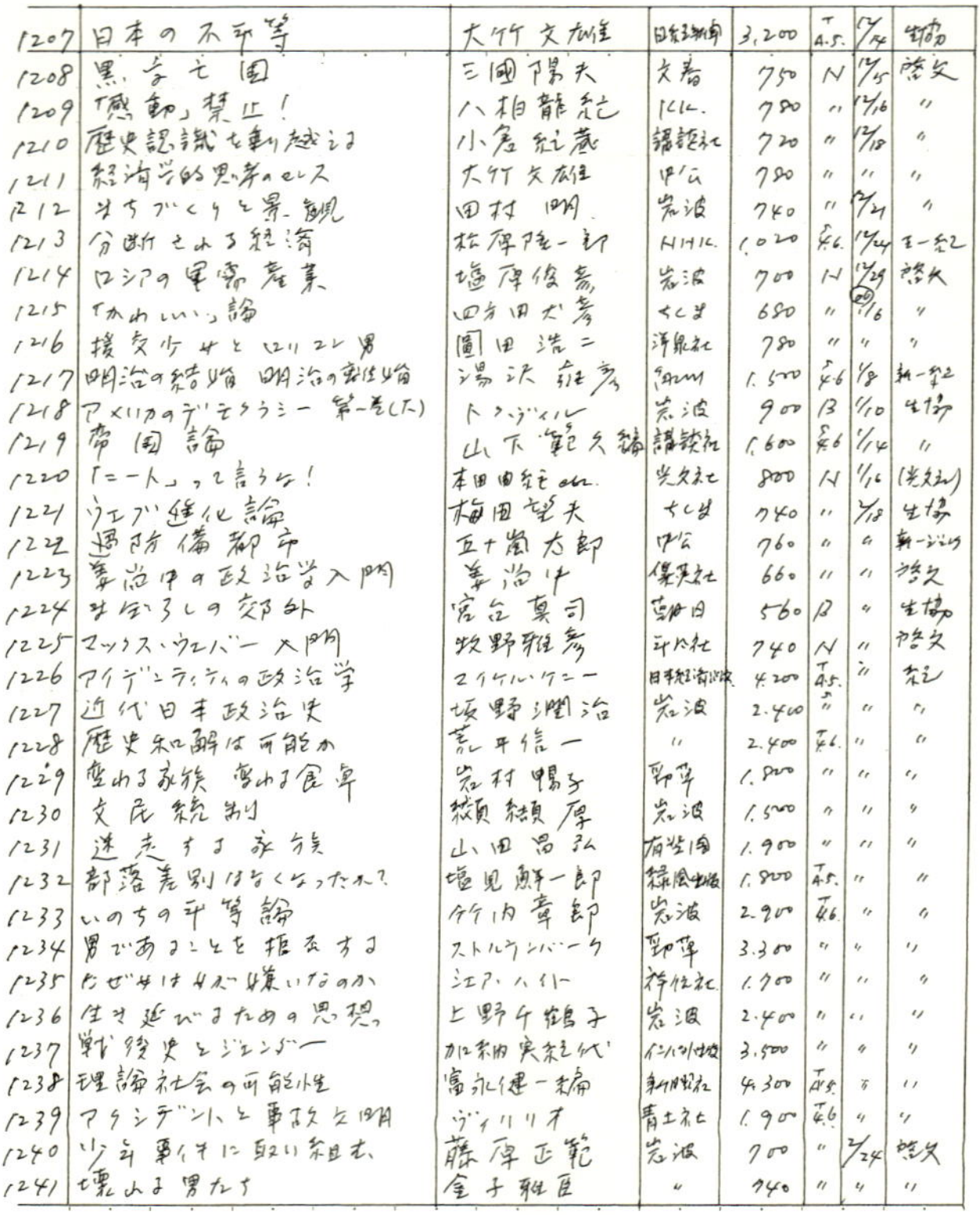

1207	日本の不平等	大竹文雄	日本経済新聞	3,200	A.S.	12/14	生協
1208	黒字亡国	三國陽夫	文春	750	N	12/15	啓文
1209	「感動」禁止!	八柏龍紀	KK.	780	〃	12/16	〃
1210	歴史認識を乗り越える	小倉紀蔵	講談社	720	〃	12/18	〃
1211	経済学的思考のセンス	大竹文雄	中公	780	〃	〃	〃
1212	まちづくりと景観	田村明	岩波	740	〃	12/21	〃
1213	分断される経済	松原隆一郎	NHK.	1,020	A.6.	12/24	生一紀
1214	ロシアの軍需産業	塩原俊彦	岩波	700	N	12/29	啓文
1215	「かわいい」論	四方田犬彦	ちくま	680	〃	1/6	〃
1216	援交少女とロリコン男	圓田浩二	洋泉社	780	〃	〃	〃
1217	明治の結婚 明治の離婚	湯沢雍彦	角川	1,500	A.6	1/8	新一紀
1218	アメリカのデモクラシー 第一巻(下)	トクヴィル	岩波	900	B	1/10	生協
1219	帝国論	山下範久編	講談社	1,600	A.6	1/14	〃
1220	「ニート」って言うな!	本田由紀 etc.	光文社	800	N	1/16	(光文社)
1221	ウェブ進化論	梅田望夫	ちくま	740	〃	1/18	生協
1222	過防備都市	五十嵐太郎	中公	760	〃	〃	新一ジュンク
1223	姜尚中の政治学入門	姜尚中	集英社	660	〃	〃	啓文
1224	まぼろしの郊外	宮台真司	朝日	560	B	〃	生協
1225	マックス・ウェーバー入門	牧野雅彦	平凡社	740	N	〃	啓文
1226	アイデンティティの政治学	マイケル・ケニー	日本経済評論社	4,200	A.S.	〃	紀
1227	近代日本政治史	坂野潤治	岩波	2,400	〃	〃	〃
1228	歴史和解は可能か	荒井信一	〃	2,400	A.6.	〃	〃
1229	変わる家族 変わる食卓	岩村暢子	勁草	1,800	〃	〃	〃
1230	文民統制	纐纈厚	岩波	1,500	〃	〃	〃
1231	迷走する家族	山田昌弘	有斐閣	1,900	〃	〃	〃
1232	部落差別はなくなったか?	塩見鮮一郎	緑風出版	1,800	A.S.	〃	〃
1233	いのちの平等論	竹内章郎	岩波	2,900	A.6.	〃	〃
1234	男であることを拒否する	ストルテンバーグ	勁草	3,300	〃	〃	〃
1235	なぜ女は女が嫌いなのか	シェア・ハイト	祥伝社	1,700	〃	〃	〃
1236	生き延びるための思想	上野千鶴子	岩波	2,400	〃	〃	〃
1237	戦後史とジェンダー	加納実紀代	インパクト出版	3,500	〃	〃	〃
1238	理論社会学の可能性	富永健一編	新曜社	4,300	A.S.	〃	〃
1239	アクシデント 事故と文明	ヴィリリオ	青土社	1,900	A.6	〃	〃
1240	少年事件に取り組む	藤原正範	岩波	700	〃	2/24	啓文
1241	壊れる男たち	金子雅臣	〃	740	〃	〃	〃

僕の「蔵書ノート」

済」という項目で、現在では、僕の蔵書ノートで最も膨れあがってるジャンルだ。大学生時代に付けはじめたから実に奇妙な分類だが、しかたがない。それに、その頃はこれら社会科学系のジャンルの本をこんなにたくさん買うことになるとは思ってもみなかったのだ。

項目は、左から「ジャンル内の番号、書名、著者、出版社、値段、本の大きさ、買った日付、買った書店」の順である。僕にしかわからない略号で書いてあるところもあるので、暗号気分で解読してほしい。買った日付は、本をまとめて整理した日付になってしまっているところもあるので、正確でないこともある。だから、殺人事件に巻き込まれた時のアリバイにはならないかもしれない。

ポイントは、この蔵書ノートは自分で必ず付けるので、その時にその本を必ずパラパラ読むことになるというところにある。実は、それでその本の概略は頭に入るのである。そう、蔵書ノートを付ける意味はここにあったのだ。これが僕の「ツンドク」の実態である。忙しい人にこそ、お薦めの方法だと思っている。ただし、これも身銭を切って本を買うかできることだ。

一〇・一・一　新書を買おう

学生時代はお金がふんだんにあるわけではないのだから、自分の専門の分野の本を買うのが精一杯だろう。しかし、それではいまの時代には知識が偏って、どうしても世間知らずになってしまう。そういうときにありがたいのが、昨今の新書ブームである。

もっとも、最近はどの新書も政治・経済の分野か、でなければ人生論風のものにかなり偏っていて、文学を専門とする人間としては淋しいかぎりである。文学に関する新書は売れないのだから、仕方がないけれども。露骨に言えば、「文学は儲かる」という現実がやってこないかぎりは、文学部の復活もないな。あッ、新書の話だったっけ。

たまに出る一〇〇万部を越える超ベストセラーを例外として、これほど過当競争になると、どうしても一冊あたりの売れ行きは落ちてしまう。その結果、じわじわと価格が上がってはいる。それでも、原稿用紙にして三〇〇枚程度の分量の文章が七〇〇円程度で買えるのはありがたい。これを単行本にすれば、少なくとも倍の値段にはなるものなのだ。新書ブームは出版社にはキツイだろうが、僕たちにはありがたい。

その新書で、月に三冊は専門以外の本を買っておくことを勧めたい。ただし、人生論は別だ。あれはオヤジが読む本である。僕はあまりにも世間知らずという自覚があるから、たいてい毎月一万円ぐらいは新書を買う。新書はかさばらないので、通勤の行き帰りには専門以外の分野の新書を読む。僕は読むのが遅いから、これで読めるのは一週間で一冊がやっとだが、それでも新書にかなり救われている。新書を読めば、世の中のかなりのことはカバーできる。

未知の分野の本をはじめて読むにはどうすればいいのか。それには良質の入門書から読み始めればいい。では、良質の入門書とはどういう本なのか。それは、新書であっても巻末に参考文献が挙げられているもので、かつ筆者の経歴をみて、その分野の本を何冊かすでに出している人のものなら、たいていは安心して読むことができる。

ただし僕の場合は、基本的には「です、ます」体で書かれた本は買わない。新書であってもたいていの場合、読者をバカにしている本だからである。僕自身はこれまで「です、ます」体で書いた本は一冊しかない。そのシリーズがそういうコンセプトだったから、仕方がなかったのだ。

一〇・二　本の値段はどうやって決まるのか

僕が年間に買う本は、二百万円から三百万円の間である。文科系の研究者として、平均的なところだと思う。問題は、その置き場所と整理である。整理に関しては、かつて学生時代に読んだ本で、清水幾太郎という社会学者が「本は一万冊までは整理が必要ないが、一万冊を越えると整理が不可能になる」ということを書いていた。その頃は、「そんなものかなぁ」と思っただけだったが、一万冊をとっくに越えたいまでは切実な問題になっている。買った本がどこにあるかわからないことは日常茶飯事だし、本代より本の置き場所を確保する費用の方が余計に掛かっているのではないかと感じるくらいである。専門が専門だから、古い本ほど棄てられないので、なお因果だ。

最近の学生諸君は「本は高い」というが、僕は学生時代から本が高いと思ったことはあまりない。いまもそうだ。特に「専門書」は高いのが当たり前なのだ。ここで、本の価格がどうやって決まるのか、だいたいのところをこっそり教えよう。と言っても、専門家ではないので、あまり正確ではないかもしれない。そうそう、本に関する知識なら永江朗『不良のための読書術』(ちくま文庫、二〇〇〇・五)が大変役に立つ。以下の説明にも、この本からの受け売りがまじっている。

本の大きさにもよるが、おおよそのところを言えば、「初版の部数×価格」が八〇〇万円から一二〇〇万円までの間に収まるのが、一般的な本の定価の決め方のようだ。新聞などに大々的に広告を打たない場合は八〇〇万円程度、それなりの広告を打つ場合は一二〇〇万円程度というところだろうか。だから、「専門書」で定価五〇〇〇円の本があったとしたら、初版の部数はおおよそ一五〇〇部とみてそれほどまちがいはない。「専門書」の中には一万円を越える本もある。それは、初版の部数が五〇〇部以下なのだ。

一五〇〇円の単行本なら、おそらく初版は八〇〇〇部程度だろう。一方、七〇〇円の新書なら、広告料も込みだから、初版は少なくとも一五〇〇〇部程度でないと儲けが出ないことになる。しかし、一五〇〇〇部というのは大変な数字である。そういう意味では、新書として出せるテーマが「売れる」ものに限られ、書き方も啓蒙的になるのは、やむを得ないところがある。それだけに、一般性がある本が多いのも、新書の特徴だ。そういうわけで、世間知らずの僕には新書はありがたいのである。

なお、「初版」というのは最初に印刷した本のことで、この部数が売り切れると採算がとれるような価格設定をするのがふつうである。定価に対する原価（編集費、印刷費、紙代、製本代、印税など）は、多くの商品がそうであるように、だいたい三割程度だ。あとの七割は、取次《とりつぎ》という問屋みたいなところの流通経費や書店の取り分、そして出版社の利益である。「増刷」とか「再版」とか言われるのは、初版の売れ行きが良くて、さらに印刷することを言う。こうなると、出版社は儲かるわけだ。あるいは、こうならないと出版社はなかなか儲からない。

一〇・三　ほんのちょっとした本の知識

これまで「単行本」とか「文庫本」とかいった言葉をふつうに使ってきたけれども、実はいまの新入生の中には「単行本」と「文庫本」の区別さえ知らない学生がいることを知っている。そこで、本の豆知識を簡単に書いておこう。

本の種類は大まかに分けて、単行本と選書と新書と文庫本がある。単行本は単発に出版される本で、全体ではこの単行本の出版点数が一番多い。

本にはハードカバーとソフトカバーとがある。ハードカバーとは厚みのあるボール紙の表紙で、単行本の多くはハードカバーである。ソフトカバーは読んで字の如くで、柔らかい表紙である。最近はソフトカバーの単行本が増えている気がする。以下に解説する選書、新書、文庫は、基本的にソフトカバーである。世の中には、ハードカバーの本の方がソフトカバーの本よりもステイタスが高いと思っている人もいる。

選書はふつうの大きさの本だが、シリーズになっている。毎月二、三冊刊行される。講談社選書メチエやNHKブックスや朝日選書や新潮選書などがある。いまはどの選書も苦戦しているようだ。そこで、どこの大型書店でもあまりいい場所には置いていないのがふつうである。

新書はまさにこの本がそうで、小さくて少し細長い本だ。岩波新書が日本の新書のはじめである。ほかに、講談社現代新書、中公新書、ちくま新書（つまりこの本）、文春新書、平凡社新書、光文社新書、新潮新書、生活人新書、PHP新書などがある。これも毎月それぞれ数冊刊行される。いまさらに新規参入があって、創刊ブームになっているのは、先に書いた通りだ。毎月新書だけで一〇〇冊近く刊行されているのではないだろうか。僕のアドバイスはそのうちの三冊を買ったらというのだから、ささやかなものだ。

文庫はふだん流通している中では一番小さな本で、一度単行本として役割を終えた本が、形を変えて二度目のお務めをする場合がほとんどである。たとえば、小川洋子『博士の愛した数式』（新潮社）が、ある時間をおいて新潮文庫に形を変えて刊行される場合である。ちなみに、新潮文庫版『博士の愛した数式』は、映画化されたことも手伝って、新潮文庫の歴史の中で最速で一〇〇万部に達したそうだ。ほかに、講談社文庫、文春文庫、岩波文庫、ちくま文庫、中公文庫、集英社文庫、角川文庫、光文社文庫、幻冬舎文庫などがある。また、学術的な本に絞った講談社学術文庫、ちくま学芸文庫などもある。最後の二種類の文庫は単行本並みに値段が高いが、部数が少ないのだから仕方がない。かつての良書がこの値段でまた読めるだけありがたいと思わなければいけない。

こういう風に、絶版になってしまって読めなくなった昔の名著が文庫化されるのはありがたい。また、翻訳モノが違う人の訳で各種の文庫に収められていて、比べながら読めるのもありがたい。僕は、翻訳モノなら手に入る文庫はすべて買うことにしている。どの文庫が一番いいということはないし、新訳ならいいというものでもないようだ。訳の正確さについては判断する能力はないが、読みやすさという点からは、個別にできが違うというのが実状である。

僕が高校生の頃は本当に小さな字でビッシリ組んであって、文庫は「お買い得」というのが売りだったが、いまは小さな字は読みにくいという声が多く、かなり大きな活字で組むようになった。また、昔は文庫と言えば「古典的名著」という発想だったが、いまは単行本が文庫化されるサイクルがどんどん短くなってきている。それにともなって、文庫が品切れになるのも早くなってきている。文庫が短命になってきたのだ。そういうわけで、文庫を「本の墓場」と言う人もいる。なぜなら、一度文庫化されて品切れになってしまった本は、よほどのことがない限り復活しないからだ。

なお、岩波文庫や新潮文庫のように、本の上側（「天」と呼ぶ）が平に裁断していなくて、ザクザクと不揃いになっているものがある。昔、女子学生らしき若い女性が、「これは不良品だから、ちゃんとしたのを出してください」と書店員に言っていて、書店員も「ヘンですねぇ」なんて答えて、ほかの文庫と比べたりしていたのを聞くともなく聞いていたことがあるが、これは書店員に知識がないのだ。心の中で、書店員に「本屋なら本のことぐらいちゃんと勉強しておけ！」と叫んでいた。

これは「フランス装」というシャレた装幀の名残である。近代以前では、本は上流階級だけが読むもので、仮に製本してある本を買ってきて、自分の好みの革で装幀し直したものなのだ。だから、ザクザクの不揃いは、その時代の名残なのである。「文庫は安っぽく見られがちだが、せめてこういうところに高級な本の雰囲気を残しておきたい」という出版社の心意気なのだ。不良品でないので、念のため。

これら選書、新書、文庫は、書店の中で置かれている棚が決まっているので探しやすい。

本の大きさは、一番ポピュラーなのが四六判《しろくばん》と呼ばれるものだ。それより少し大きいとA5判《はん》、それより少し小さいとB6判《ばん》と呼ぶ。本の大きさは価格に影響する。同じ五〇〇枚の原稿でも、四六判に組むと二五〇〇円になるのが、少し大きいA5判に組むと三八〇〇円になったりする。本の判型が大きいと、中身も多いかのように読者が誤魔化されるわけだ。したがって、売れない学術書はたいていA5判である。

ちなみに、僕は「ブック・フェチ」の気味合いがあって、お気に入りの本は二冊買う。そして、一冊は読まずにしまっておく。読む場合も、汚れるのがいやなので、必ず書店のカバーを自分で丁寧に付け替える。しかも、お気に入りの度合いでどの書店のカバーにするかを決める。つまり、書店のカバーにもお気に入りとそうでないのとがある。もっとも、傍線を引いたり、書き込みをしたりはよくやる。内容に関係なく、装幀が綺麗だからという理由で買ってしまうこともある。そういうわけで、本を乱暴に扱う人は、煙草を吸う人より嫌いだ。

一〇・三・一　本はなぜ定価販売なのか

本は「再販制度（再販売価格維持制度）」という制度に守られていて、割引がない。そのかわり、全国どこでも同じ価格で買える。ただし、これはこの数十年ほどのことで、戦前は「地方価格」といって運搬経費が上乗せした本があったし、これは戦後もしばらく続いていた。

「再販制度」がある以上、原則的には割引の心配がない。増刷以降は紙代と流通経費だけしか掛からないから、ある編集者は「増刷以降は、まるで札束を印刷しているようなものだ」と言っていたっけ。もっとも、「再販制度」に護られた本の流通の恐ろしいところは、売れなかった分を「返品」できることだ。書店の注文に素直に応じてジャンジャン増刷して納品したら、実際には売れ残って返品の山になることもある。ただし、返品された本はヤスリで削って汚れを落とし、再び同じ価格で出荷することができる。本を見て、本文の用紙に横向きに削った筋が入っていたら、それは一度返品された本が再度出荷されたものである。

さらには、売れた場合でも、システム上出版社に代金が支払われるのは、平均的には売れてから三カ月後（遅いところは六カ月後）だから、代金の回収が遅い。ところが、印刷所への支払いはそんなに待ってくれないから、小さな出版社がまぐれで大ベストセラーを出したりすると、印刷所への支払いができなくなってしまうことがある。これを「ベストセラー倒産」と呼ぶそうだ。

書店に入ってまず目にするのは「平台《ひらだい》」である。ベストセラーの本が積んである。これを「平積《ひらづ》み」と言う。これは本の表紙を「ひら」と呼ぶことから来ている。だから、売れる本は「平積み」になっているわけだ。ある知人に「書店に行ったら、石原さんの本が山積みになっていましたよ」と言われて、ちょっと傷付いたことがある。「山積み」ではいかにも「売れ残り」みたいではないか。

また、ふつう本の背だけしか見えない棚に、スペースをつくって本の表紙が見えるようにしてディスプレイしてある場合がある。これは「面《めん》出し」と言って、売れている本や、書店が売りたい本がそういう扱いを受けているのである。

本の豆知識は説明しはじめればきりがないからこれくらいにしておくけれども、大学生ならせめてこれくらいは知っていてほしいものだ。

一〇・四　出版社のステイタス？

文科系の研究者の世界では、「鉄のトライアングル」があるようだ。「東大、朝日新聞、岩波書店」である。これらを結びつけているのは共産党、あるいは少し古い左翼思想である。たとえば、「朝日新聞」に登場するのは圧倒的に東大教授と東大出身者が多い。この「鉄のトライアングル」が日本の「言論界」では「権威」となっている。それに寄りかかり、信奉するのが「権威主義」である。

谷沢永一《たにざわえいいち》という国文学者は、「朝日新聞」のステイタスを決めているのは記事ではなく、朝刊の第一面の下に掲載されている本の「三八広告《さんやつ》」だ、という面白いことを言っている。「三八広告」という呼び方は、活字三段分のスペースを八つに区切ったところから来ている。そこに、文科系の専門的な書籍の広告が載るのは「朝日新聞」しかない。これが「「朝日新聞」は「高級紙」である」というイメージづくりに役立っていると言うのだ。「朝日新聞」をやたらと批判する保守系の出版社の編集者でさえ、「「朝日新聞」に広告を出したときが一番本が売れる」と言うのだから、出版文化における「朝日新聞」の力は絶大である。そして岩波書店は、その「朝日新聞」の「三八広告」欄では、必ず一番右端の特等席を占めるのである。「鉄のトライアングル」たるゆえんだ。

もちろん、東大教授にとって岩波書店は特別な出版社だ。ほかの出版社の編集者が東大教授に執筆を依頼に行くと、「私は岩波書店からしか、本は出しません」と言われたというような話は、ごろごろ転がっている。どうやら、本を出版する場合、出版社にステイタスがあるらしいのだ。それが、どういう序列になっているのかは人によって多少の誤差がある。どんな序列かは、学生諸君が見破ってほしい。研究者の「権威度」がわかって、結構笑えて面白い。と他人事のように書いているけれど、もちろん僕にだってこういう要素はある。青土社やみすず書房から本を出したときには、自分でも「かっこいいなあ」と思ったものだ。

ちなみに、僕は執筆者としては何度もケンカをしたが、岩波書店の本はわりと多く買っている方なので、念のため。教科書的な落ち着いた語り口の本がほとんどで、感動はしないが、情報の配置がはっきりしていて、勉強になるのはたしかだからだ。思想的にも、僕は真中より少しだけ左に寄っているからね。選挙でも政権を取りそうな政党や当選しそうな人には絶対投票しない。野党がなければ民主主義は成立しないのだし、サヨクだってなくなれば大変なことになるのだから。このあたりは信念や信条ではなくバランス感覚かな。

なお、岩波書店は出版社としてもう一つ大きな特徴がある。それは、ほかの出版社が「委託販売制度」をとっているのに対して、ほとんど唯一岩波書店だけは「買い切り制度」をとっているのである。「委託販売」とは、極端に言えば書店は本を置くだけであって、売れた分だけ代金を取次に支払えばよく、かつ売れ残りは「返本」できる。

一方、「買い切り制度」は、書店がはじめから岩波書店の本を買う制度になっているのだ。だから、原則として「返本」ができないのである。これでは、町の小さな本屋では売れ残りが怖くて、岩波書店の本を置くことができない。どちらの制度が過酷か、出版する本の種類にもよるかもしれない。

一一　宿題

最後に、学生諸君に宿題をひとつ。この第一部の奇妙な形式は、ある有名な哲学書を真似ている。翻訳は文庫では岩波文庫とちくま学芸文庫から出ている。文科系の学生なら、学生時代にその本を買って、パラパラ読むことぐらいはしてほしい。

第二部　線を引くこと——たった一つの方法

なぜ線を引くのか、あるいは線の仕事

†線の向こう側へ

僕たちの思考は、線を引くことで成り立っている。いや、僕たちの世界は線を引くことで成り立っている。

線を引いたり、消したりするのは文化の仕事だ。しかし、文化は着ていることさえ忘れてしまった衣服のようなものだから、文化によって引かれた線はふつう意識されていない。空気のように自然なものだと感じられている。また、気づかないうちに線が消されてしまったりもする。そういうことを意識化するのは、知性の仕事だ。

文化によって線が引かれたり消されたりすることをあえて意識化するには、新たに線を引き直すか、すでに引かれた線を消すか、それとも線を引いたことでできた差異（差別）を問題にするか、いくつものやり方がある。僕がそういう仕事にはじめて接したのは、懐かしき一九七〇年代から八〇年代に流行した、ニューアカデミズムと呼ばれる知の世界の

運動だった。

たとえば、ニューアカデミズムの旗手たちは、それまで西洋的知性の根拠となっていた「精神」重視の発想を、「身体」重視の発想に転換して見せた。これは、精神と身体との間に引かれた線が身体を差別してきた歴史に異議申し立てをしたのである。差別されてきた身体の側に立つことで、精神と身体との間に引かれた線を浮かび上がらせたのだと言ってもいい。

彼等はさらに、精神と身体とは別々のものではなく、ひとつながりのものであると主張しはじめた。そこで、「精神としての身体」という言い方が生まれたのである。これは、精神と身体との間に引かれた線を消して見せたのだと言っていい。そんな風にして、彼等は次々と線を浮かび上がらせ、それまでの価値観をひっくり返し、線を消していった。大人と子供では子供の側に立ち、意識と無意識では無意識の側に立ち、正常と狂気では狂気の側に立ち、文明と野蛮では野蛮の側に立ち、男と女では女の側に立ったのだ。それは目眩《めまい》がするほど知的で軽やかな仕事だった。

†線を消すこと

ここで、いま社会的、政治的に問題になっている「ジェンダーフリー」という言葉をたよりに、男と女の問題に少し触れてみよう。

男と女の間には太い線が引かれている。「線を引く」とは、たとえば「男」と「女」との間に違いがあると考えて、「男」と「女」とを対比的に、あるいは対立的に論じることを言う。いや、男と女の場合、論じるというよりも、多くの人にとってはそれが自然だと思われているというのが、実状だろう。

「男」と「女」とを対比的に捉えることは、文化の基本だと考える人は少なくない。「男は男らしく、女は女らしく」あるのが文化というものだというわけだ。そういう人はたとえば「ジェンダーフリー」という言葉に過剰に反応する。もっとはっきり言えば、過剰に反発する。ジェンダーフリーとは、社会的に決められた性差(ジェンダー)を解消しよう(フリーにしよう)という立場だからである。

では、なぜジェンダーフリーが必要なのか。それは、現代社会では女性が損を強いられていると考えられているからである。では、なぜジェンダーフリーに反発するのか。それは現代社会で男が得ている既得権を手放したくないからだということになりそうだ。そこで一般的には、ジェンダーフリー賛成論者は革新派で、ジェンダーフリー反対論者は保守派だと色分けされている。それぞれの立場がはっきりするのである。ここでも、二つの立場の間に線が引かれるのだ。これが、「線を引くこと」の意味である。

僕は、「男は男らしく、女は女らしく」あることで、男が一方的に得をし、女が一方的に損をしているとは思わない。少し物騒な話だけれども、たとえばバブル崩壊以降の平成大不況の中で、年間の自殺者がそれまでの二万人から三万人に膨れあがった。その増えた分の多くは、リストラされた中年男性が、家族にせめて生活費として生命保険金だけは残してやりたいと考えて自殺したものだと言われている。

自殺しても生命保険が支払われない国では不況になっても自殺者は増えないと言うから、この推定はたぶん当たっているようだ。日本の中年男性は「男が一家の主だ」という意識が強い。だから、自殺は「一家の主」としての最後の仕事なのである。つまり、リストラされた男性は、まさに命がけで「男らしさ」を選択することを強いられているのだ。「男らしさ」は男性にこれだけ過酷な生き方を強いている。だから、「男は男らしく、女は女らしく」あることで男が一方的に得をし、女が一方的に損をしているなどとは、僕は思わない。

「男は男らしく、女は女らしく」あることで、男性はある面では得をし、ある面では損をしている。女性も同様で、「男は男らしく、女は女らしく」あることで、ある面では得をし、ある面では損をしているというのが、実態だろう。では、どうしてジェンダーフリーという考え方が出てくるのだろうか。それは、さまざまな面の中で、ある側面を重視するからである。

それはたとえば男女の正社員としての雇用率の違いや職種の偏りであり、生涯賃金の差であり、仕事の内容の差であったりする。つまり、特に経済的な男女間の格差の大きさや社会参加の仕方の違いが、ジェンダーフリー賛成論者にとっては重要な問題意識となっているのである。経済的に対等でないから、家庭という私的な空間でさえ女性は男性に従わなければならない。「経済的な自立なくして人格的な自立はない」と考えるマルクス主義フェミニズムの立場からしてみれば、これは大きな問題だろう。

そこで、男と女との間に引かれた線が問題として浮上してくるのである。もっと言えば、男と女との間に引かれた線を意識化することで、経済的な格差や社会参加の違いといった側面だけではなく、社会にはさまざまな性差別があることがはっきり見えてくるのである。その上で、その線を取り払おう、消してしまおうとするのだ。これがジェンダーフリーの試みである。

†線を引き直すこと、線を守ること

このジェンダーフリーの例からわかることは、どういうことだろうか。それは、線を引くことで物事がはっきりすること、線を引くことはさまざまな差（ある場合には差別）を生み出すこと。そして最も大切なのは、線はどこにでも引くことができるし、それを消すこともできるということだ。もちろん、現実には実社会で新しく線を引いたり、すでに引かれている線を消したりすることには大変な努力や犠牲を要することがある。たとえば、アメリカで白人と黒人との間に引かれた線を（少なくとも建前上は）消すことに、いったいどれだけの命と、どれだけの時間が必要だったことか。

しかし、知性はそれを軽やかにやってみせることができる。いや、それが軽やかにできないようでは知性とは呼べない。知性はすでに実社会において引かれている線をいとも簡単に消したり、いとも簡単に新しい線を引いたりすることができる。それが、特にこれからの社会で求められる発想の柔軟さというものだ。

すでに引かれている線を守ろうとするのは保守派のすることだ。もちろん、保守派が常に非生産的だなどと言いたいわけではない。すでに引かれている線を守らなければならないときもある。しかし、その基準は個人によって異なっている。だから、対話や議論が必要になってくる。そのときに、その基準それ自体について対話をしたり議論をしたりすることができるのもまた知性の仕事なのだ。なぜなら、知性は線を自由に引き直すことも、消したりすることもできるのだから。

知的でない人間は、対話や議論を拒む。「いけないことは理屈ではなく、有無を言わさずいけないと教えなければならない、それが品格というものだ」などという人間に知性は存在しない。こういう知的でない言説が大衆受けするのは、「いけない」ことの内容を自分で勝手に代入して、現在の自分の立場を無反省に正当化できるからにほかならない。これが大衆の保守化である。平成大不況の中で疲れ果て、知的に考えることが面倒になってしまったのだろう。しかし、何度でも繰り返すが、そこには知性はない。

†線と知性の仕事

文化は線を引くことから逃れることはできない。というよりも、線を引くことが文化の仕事だとさえ言えるだろう。文化は線を引くことで差を生み出すのである。そして、その差をも消費するのが資本主義社会である。たとえば、現在何十種類も刊行されている女性雑誌は、年齢や社会的背景によってマーケットが細分化されている。そして、その細分化されたマーケットの中で、(僕にはその違いがわからないような)ほんの少しの差を競いあっている。これが「商品の差別化」である。女性雑誌においてこうした「商品の差別化」が成り立つのは、女性の文化、つまりは女性の美意識が細分化されているからである。

文化の領域ではよく美意識が問題となる。あることが美しいとされ、別のあることが美しくないとされるわけだ。最近はケータイ(携帯電話)に関するマナーが問題となることが多い。たとえば、僕がよく利用する京王線では、ケータイのマナーに関する車内放送が頻繁に行われている。ケータイのマナーに関して、文化による線引きが行われているのだ。これが科学的(あるいは心臓のペースメーカーに影響があるといった医学的)な理由よりも、より強く美意識による線引きだということは、このマナーに違いがあることでもわかる。

電車の中でのケータイを控えるのが美しいマナーであり、大声でケータイで話しているのは美しくないマナーだとする美意識は、日本ではある程度共有されているが、日本と同じケータイ先進国の韓国では共有されていない。また、ケータイに対するマナーは日本の中でも首都圏では厳しいが、関西圏ではそれほどでもないと言う(鈴木謙介『カーニヴァル化する社会』講談社現代新書、二〇〇五・五)。

なるほど、ケータイのマナーに関する美意識の違いを理屈で説明することは難しい。だから、文化なのである。しかし、この美意識が科学的、あるいは医学的に根拠があるものなのか、そうでないのかをきちんと検証するのは知性の仕事だ。文化が引いた線について思考するのは、知性の仕事である。

†線と「商品の差別化」

では、線を引くことにはどういう功罪があるのだろうか。これまで、線を引くことはあたかも「罪」の面しかないかのような議論の進め方をしてきた。しかし、そうでもないのだ。

そもそも文化は差によって成り立っているのだから、差があること自体を否定することは、文化を否定することになる。まず、文化は他の文化とは違っていることではじめて一つの自立した文化と認定されるだろう。「ファッションならフランス、オペラならイタリア」などと言うとき、僕たちは文化の外部に引かれている線に触れているのだ。これは文化の外側における線引きである。次に、文化の内部での線引きがある。アメリカナイズされた東京と日本の伝統をいまに受け継いでいる京都とか、エリートサラリーマンが着るアルマーニと業界さんが着るヨウジヤマモトなどという具合である。

この差を支えているのは美意識の違いだが、どのような差も資本主義にとっては「商品の差別化」に還元されてしまう。高度大衆消費社会では、この差はどんどん細分化されていく。ほんのちょっとした差が、大きな意味を持つことになるわけだ。だから、線引きによって生み出された差は、現代の資本主義社会を支えているとも言えるのだ。別の言い方をすれば、文化によって作られた差が、「商品の差別化」という形で社会化され、差の持っている強度が強化されているということでもある。

また、こういうこともある。

人間形成にとって遺伝と環境のどちらが大きな影響があるのかという、古くて新しい議論がある。最近は、遺伝的な要因が大きいという方向へ議論が進む傾向にあるようだ。仮の話だが、この議論において遺伝に対して環境という対立項がなかったら、つまり、遺伝と環境との間に線引きがなされておらず、遺伝と環境が対立項として認識されていなかったとしたら、そもそも議論さえ起こらずに、「遺伝が人間形成を行っている」という結論で早々に決着が付いていたはずである。

それがそうはならず、議論の形を取ることができ、たぶんそう簡単にはスッキリと決着が付かないだろうと思われるのは、遺伝に対して環境という対立項があるからである。遺伝と環境という二つの対立する項目の力比べが、遺伝か環境かという議論自体を社会化する力になっているのである。もっと言えば、環境という対立項の存在によって、遺伝という概念がより多くの時間をかけてより深く突き詰められ、社会化することに力を与えられているのだと言える。環境という対立項が、遺伝という概念を鍛えるのだ。

これはあたかも議会制民主主義という政治形態によく似ている。世の中には「野党は反対ばかりして、困ったものだ」などという頓珍漢なことを言う人がたまにいるが、そういう人は政治がまったくわかっていないようだ。議会制民主主義においては、原理的には野党は与党の提案事項のすべてに反対するためにある。それ以外に野党の存在理由はない。反対することで権力の暴走を食い止めるという実際的な目的もあるし、反対することで与党の提案事項の内実を明らかにして国民の関心を高め、さらには、議論を深めて提案事項の欠陥を白日の下に晒すことも、野党の重要な仕事のひとつなのである。

もちろんいつかは決着しなければならないから、そこで妥協が図られる。妥協は失敗ではなく、民主主義を成立させるためには大切な手段のひとつなのだ。こう考えれば、野党と与党との間には、決して消してはならない線があることがわかる。だから、「テーマによっては与党と協力したい」などという人間には、野党の党首の資格はない。

†なぜ、線が必要なのか

現在、野党を持たない与党のような状態にあるのが、「脳科学」と呼ばれるジャンルではないだろうか。何でもかんでも「脳」とさえ言えば物事が解決したり、あることが明らかになるかのような雰囲気がある。決定的なまちがいを含んだ本が数百万部売れたり、「脳」にかこつけて奇妙なことが書いてある本が賞を取ったりするのも、おそらく「脳科学」に対する野党のような存在がないからだろう。

これまで脳内が自分では作らないと思われていた物質を脳自身が作っていることをすでに発見していて、その物質の働きを明らかにすればノーベル賞候補になるかも、というレベルの脳科学者と話をする機会を得たことがある。彼が言うには、アメリカでは、たった一つの物質を発見するために何トン（何キロではない！）という脳をすりつぶして研究している人たちがいるのだと言う。それが世界の脳科学のレベルなのだそうだ。そういう研究が研究のすべてだとは思わないが、現在の「脳科学」に関する本は、そういうレベルからあまりにもかけ離れているようだ。

なぜそうなってしまったのかと言えば、現在「脳」に関する対立項がないからだろう。だから、あらゆることを「脳」が決定しているかのような論調がまかり通るのである。「脳」という言葉が大変な威力を発揮しているわけだ。しかし、これは「脳科学」が社会化された強度を持った状態とは言えないだろう。少し大袈裟にいえば、いまの「脳科学」はまるでオカルトである。「脳科学」が社会化された強度を持つためには、対立項によって鍛え上げられる必要がある。つまり、「脳」の外側に線を引く必要がある。

先の脳科学者に「人間は持って生まれた脳によってすべてが決定されているのですか」と聞いてみた。彼は、そうではないと答えた。脳は外界の刺激を取り込むことで形成されるから、何を取り込むかによって脳にできることが変わってくると言うのだ。ただし、それには脳が完成する幼児期までが勝負なのだそうだが、ともかく、脳の形成には遺伝と環境の両方が作用するということになる。平凡な結論かもしれないが、脳科学もこういう対立項を持つことでもっと鍛えられ、社会化されるはずなのだ。何度でも繰り返すが、そのためには「脳」の外側に線を引く必要がある。

線を引くこと――それが僕たちの思考のはじまりだ。

†論文の仕事

以下、次節からは実際に一流の論文や評論的エッセイを読んで、どのように線を引くことで論文が論文として、思考が思考として成立しているのかを解説していこう。最後の二本は第一線で通用する研究論文なので、レベル的に多少キツイかもしれないが、最先端を行く本格的な論文も、線を引き直すという原理によって成立している事情はまったく同じなのだということを、確認してもらいたいと思っている。

なお、次節からの解説では、論文の内容に触れることは方法に関係する範囲内にとどめて、なるべく論文執筆の方法に関することを中心に書いた。第二部のサブタイトルを「たった一つの方法」としたゆえんである。論文を書くための発想や枠組のレパートリーを増やすには、また別の本が書かれなければならない。

本論に入る前に、あらかじめ論文の仕事とは何かということを確認しておこう。それは、大きく分けて二つある。

一つは、さまざまな事実について確認作業や新しい発見を行うことである。夏目漱石の生まれたのが慶應三年ではなかったことを確認したとか、愚石という署名の文章は漱石が書いたものだったことを発見したとか、そういう類の論文である。こういう仕事は「実証」という言葉で呼ばれることが多い。これは、それが間違っていなければ、学会での共通理解となり共有財産ともなる。したがって、以後（他の研究者によって、その間違いが指摘されない限り）その問題に触れる研究者はその論文を必ず踏まえることになる。

もう一つは、ふつうそう思われているような常識を覆すような論を展開することである。漱石文学はふつうは知識人の文学だと読まれているが、実は家族小説なのだというような論であるとか、これまで漱石は女性を書くのが下手だと言われてきたが、実は現代の女性が抱えている問題をあの時代にすでに書き込んでいたのだといった類の論を展開する論文である。つまり、それまでとは違った新しいものの見方を提示するような論文だ。

この第二部で身に付けたいのは、後者のタイプの論文である。そして、この常識を覆すような新しいものの見方を「発見」するために、線の引き直しが大きくかかわってくるのだ。この線の引き直しの技術を身に付けるだけで、原理的には学会誌に載るような本格的な研究論文まで書くことができる。

そのほかに、研究のパラダイム（枠組）を変換させるような刺激的な論文もある。比喩的に言えば、それは線の引き直し程度の「発見」ではなく、線を引くための新たなフィールドの「発見」と言ってもいいだろう。しかし、そういう文字通り画期的な論文は、まぁ一〇年に一度ぐらいの割合でしか現れないので、ここでは触れないでおこう。

そういう天才的な研究者が書くような論文にはここでは触れようがないというのが実状かもしれない。なぜなら、それはまだ姿を現していないからだ。もしそんなすごい論文が簡単に書けるのなら、いますぐにでも僕が書きたいくらいだ。研究はそんなに生やさしいものではない。でも、いつの日か君たちの中からそういう論文を書いたり、社会でそういう仕事をする人が出てきてほしいと思っている。まったく新しい思考の誕生、まったく新しい商品の開発、どちらも線を引くための新たな領土（フィールド）の発見だと言える。つまり、新大陸の「発見」である。いまは、そのための基礎を身に付ける時期だ。

では、実践編に入ろう。例によってちょっと意地悪なことも書いたりしたが、以下に引用したのはどれも一流の文章ばかりである。念のため——。

1　自己と他者

「私」と「公」――佐伯啓思『「市民」とは誰か』

日本人であることのディレンマ

佐伯啓思

ヨーロッパ的「個」にひそむ国家意識

しばしば、「市民」とはまず「個」の確立だといわれる。だから「よき市民」とは、まず自分が何を欲しているのか、何を問題にしようとしているのか、といったことを的確に判断でき、かつ自由で平等という理念をもった個人ということであろう。つまり政治意識をもった個人なのである。こうした個人が民主主義の根底だというのである。

そして、しばしば、西欧は「個人主義社会」だから西欧には「個」が確立している、これに対して、日本はムラ社会、集団主義社会だから「個」が確立していない、といわれる。「個」の確立が民主主義の基礎なので、まだ「個」の確立していない日本では、真の民主主義にはいたっていない、ということだ。

ヨーロッパ社会がきわめて強固な個人主義社会であるというのは、一応認めるとしても、事態はそれほど単純ではない。なぜなら、他方で、ヨーロッパの国々ほど、例えば国家意識や地方意識の強いところもまたないからである。それも当然といえば当然であろう。ヨーロッパほど複雑でかつ激しい国家間の抗争にあけくれてきたところは他にないからである。

フランス、ドイツ、イギリス、イタリア、チェコ、ポーランド、そしてロシアといった国々における国家意識は、容易なことでは解消するはずもないし、また国家意識が全くなってしまうことが本当によいなどとヨーロッパ人は考えてもいないように見える。だから、彼らの国家意識は、自国の国家そのものを絶対化するというよりも、あくまで、自分はフランス人であるとか、自分はドイツ人であるとかいったことの誇りとしてあらわれてくる。

フランス人はしばしば、ドイツ人を田舎者呼ばわりし、ドイツ人はフランス人を軽薄才子となじる。この時、彼らは、明らかに、自分を単なる個人ではなく、ある民族や国家の一員とみなし、そこにある誇りを感じている。しかし、これは、集団意識というのとは少し違う。国家は彼の外部にではなく、むしろ彼の心のうちにある。だから、この国家意識は比較的容易に、個人の単位にまで微分化でき、その結果、個人の単位では、さまざまな国の人たちが平気で付き合える訳である。

例えば、イギリスに住んでいるあるポーランド人の女性と時々話をすることがあった。何度か話しているうちに、彼女はしきりにドイツの悪口をいう。自分はドイツ人など大嫌いだ、話もしたくはない、という。わたしとしては、なるほど両国の歴史からしてそんなものなのか、と納得していた。しかし、ある時、彼女の兄さんがドイツ女性と結婚してドイツで働いているから会いにいく、と実にあっけらかんという。わたしはいささか拍子抜けしてしまった。つい、あなたはドイツ人は大嫌いだといってたではないか、といっても、彼女は、なぜそんなことをいうのか、という風なのである。

ここでわたしは、ヨーロッパ人は個人主義だから、兄弟の間でも全く相互に干渉しないのだ、というようなことをいおうとしているのではない。むろんそういう面もある。しかし、この女性の国家意識というものは、あくまで彼女の内部にあるのだ。ポーランド人という集団があって、そこにあらゆる人を取り込む国家というものがあるわけではない。確かに、あのヨーロッパで、いちいち目の前にいる者を何人だなどといっていたら大変なことになるだろう。そのつどそのつど、同胞であるかないかを確認し付き合うかどうかを決めるといっていたらきりがない。だからあくまで個人という単位で行動しなければ仕方がない。

しかし、これは、決して、われわれが考えるような意味での、「個」を大切にするというようなことではない。「個人」の意識が強く、「個人」だけが実在だと考えているから「個」を大切にする、といったこととは違う。しばしば、この「個」の中には、強烈な国家意識や民族意識や地域意識といったものがある。ただそれをいちいち表出しているのではとてもやっていけないのである。

さらにいえば、こちらがそれを正面に出せば、向こうも同じことをしてくる。すると、こちらも常に、他人の敵対を、他人の嫌悪を浴びせかけられることになるだろう。これでは身がもたない。だから、個人主義とは、相手を尊重するというよりもまず、わが身の安全を確保するための便法であるといってもよい。個人主義という相互不干渉のルールをつくっておかなければあぶなくてしかたがないのである。だからヨーロッパ人にとって個人主義が本当に望ましいものなのかどうか実はよくわからないというべきかもしれない。

実際、一方で、ヨーロッパ社会ほど、個人主義を唱えるとともに、他方で、地域のコミュニティや、教会の集まり、家族を重視するところもまたそれほどない。すこし田舎や地方の小都市に行けば、集団主義といわれる日本などよりもはるかに、地域共同体や家族という集団の凝集力は高いのである。

「私」が「公」の世界を席巻する日本

だから、ヨーロッパ人が個人主義的で日本人が集団主義的である、というのは決して適切な表現ではない。しいていえば、ヨーロッパ人は、一方で、個人に対する固執が強烈であるとともに、他方では、国家や地域、民族への帰属の意識もきわめて強いのであり、ここに強い緊張が生まれる。「個」と「集団」のこの強い緊張の中から、例えば「公（パブリック）」と「私（プライベート）」のするどい峻別が出てくる。個人的生活、家族的生活という「私」と、他人と接触する生活である「公」の間の区別である。「公」の世界には「公」の論理があり、「私」の次元を決して「公」にはもちこまない。

例えば、家の中では、子供をどんなに甘やかしてかわいがっている人でも、普通、ひとたび、家の外へ出ると、子供が少しでもさわいだりしたらすぐにきびしい態度に出るだろう。そして、子供の方もそのことがわかっているから、ひとたび家の外へ出るときわめて礼儀正しくなる。だから、われわれ、ヨーロッパへ出掛けた外国人は、ヨーロッパの子供たちは実に礼儀正しくて大人びているとまずは思ってしまうのだが、例えば、ある家に招かれてゆくと、今度は、あの礼儀正しかった子供があまりに騒々しいのであぜんとするなどということも起こるのだ。「私」の世界では子供はどのように扱われても、あまりに極端でさえなければ、それはその家族の中の話なのである。しかし、ひとたび「公」の世界へ出ると、子供は、小さいながらも一人前の「個人」である。「公」の世界には個人が守らなければならないルールというものがある。このルールがあるからこそ「公」の世界なのである。このルールに反するようなことをすれば、一人前とは認めてもらえない。子供もそのことがよくわかっているのである。

これは、例えば、家の中も家の外も何の区別もなく、甘やかされ、騒々しく騒ぎまくっているわが国の子供たちとは随分違っている。日本では、「私」の世界と「公」の世界の区別がきわめて曖昧なのである。「私」の世界の親子関係がそのまま家の外まではみだしている。「公」の世界のルールというような感覚は極めて薄い。

これは、ひとつには、日本では、「公」はもっぱら「お上」の観念と重なってしまったからであるといってもよい。「公」は国家的なことがら、国家の偉い人たちが決めることがら、という奇妙な了解ができてしまった。だから、今でも、「公共の事項」はもっぱら官僚の行政や政治家の領分だと見なされている。ヨーロッパにおける、家の外は基本的にすべて「公」という感覚とは異なっているのだ。ヨーロッパでは他者との出会いの場所はすべて「公」の世界なのである。

しかし、日本的な「公」観からは、家の外へ一歩出ると「公」の世界であるという理解は出てこない。こうして、「私」の世界と「公」の世界の区別は曖昧となってゆく。しかも、戦後日本では、戦前の国家主義の反動で、「お上」である「公」よりも、「私」のことがらこそが重要だという風潮ができあがった。「公」はもっぱら政治家と官僚に任せてしまえばよいのだということである。「普通の者」は、もっぱら「私」の世界だけで生きておればよいということである。

こうなると、ヨーロッパでは「公」と考えられる世界へ、わが国では「私」がはみだしてゆくのは当然であろう。「公」はほとんど「私」に席巻されることになる。しかし、この「私」はしばしば個人の感情や個人の利害打算である。つまり個人の感情や利害にすぎないものが、堂々と「公」の世界で大手をふって歩きだすのである。

†「一般読者」はどのレベルにあるのか

出典は、佐伯啓思『「市民」とは誰か　戦後民主主義を問いなおす』（PHP新書、一九九七・七）である。

いかにも大学受験国語に出題されそうな感じの、きれいな二項対立でできあがった文章である。具体的には、日本と西欧との間に太い線が引かれていて、日本と西欧とがはっきりした二項対立の関係で論じられている。ただし、佐伯啓思のテーマは西欧の個人主義を批判するところにあるのではなく、日本の戦後民主主義を批判するところにあるのだから（改めて確認すれば、この本のサブタイトルは「戦後民主主義を問いなおす」である）、この「太い線」は実は日本の国境線とピッタリ重なっている。日本と西欧とではこんなに違う、と言うのである。佐伯の論では日本が独特な国としてクッキリと姿を現している。佐伯が引いたのはそれほど強度の高い線なのだ。

佐伯はまずその太い線に従って、ふつうは〈西欧は個人主義社会だから「個」が確立しているのに、日本は集団主義社会だからいまだに「個」が確立していない〉と考えられていることをまず確認する。これが〈日本と西欧とではこんなに違う〉とふつう考えられているレベルである。佐伯は日本の読者をこのレベルだと想定したわけだ。

何かを書くときには、この読者レベルの設定が大変重要な要素となる。変な話だが、小説を書いて芥川賞を取りたければ、内容もさることながら、小説を書く手法に工夫を凝らす必要がありそうだ。それは、読者である審査委員がそういう工夫を求めているらしいからである。それに対して、直木賞を取ろうとするなら、手法の工夫はかえって邪魔な要素となる。物語の面白さでストレートに勝負した方がいい。もちろん、審査委員がそういう小説が直木賞にふさわしいと思っているらしいからである。

こういう読者レベルの設定をまちがえると、トンでもない赤っ恥をかくことになりかねない。この第二部で学ぶ論文の戦略は、要は「常識崩し」なのだから、読者の常識のレベルをまちがえると悲惨なことになるということだ。これは、大学でのレポートでもよくよく考えておかなければならない出発点だ。しかし、大学に入りたての頃の学生諸君はよくそれをまちがえる。「お勉強」したことをとにかくみんな書けばいいと思っているからだ。大学生となったからには、でき得るならば、教師の常識をもひっくり返すようなレポートを書いてほしいものだ。

たとえば、佐伯啓思がこういうことをヨーロッパ史の専門家に言ったら、「佐伯は常識がない」と思われるかもしれない。あるいは、「佐伯の専門知識のレベルは素人程度だ」と思われるかもしれない。逆に小学生に言ったら、相手はただ「ポカーン」だろう。学生のレポートにも、漱石が専門の僕が唯一の読者であることがわかっているはずなのに、「漱石は明治から大正にかけて活躍した作家である」などと書いてきたりするのがある。高校で使っていた『国語便覧』かなにかを丸写しでもしたのだろうが、「石原はこんなことも知らない奴だ」と思われているようで、何となくバカにされた気になるものだ。

佐伯の本は新書であって、相手はいわゆる「一般読者」だ。その「一般読者」がどういうレベルかということが問題となる。そう思っていろいろ思い出してみてほしい。君たちも高校の国語や倫理社会などの授業で、〈西欧は個人主義で、日本は集団主義〉ということを習った記憶がないだろうか。あるいは、新聞で読んだり、テレビで聞いたりしたことはないだろうか。たぶん、こういう議論は、君たちも読んだり聞いたりしたことがあるだろうと思う。実は、僕もよく耳にする議論だ。

そういうわけで、佐伯の読者レベルの設定は、おそらくキッチリできている。これが、佐伯の論の出発点である。そして、この線を引き直すことによって、「一般読者」の常識をいかにひっくり返すかが、佐伯の腕の見せ所になる。

†内面化された国家

「一般読者」は西欧と日本との間に太い線を引いているのだった。そして、〈西欧は個人主義社会で、日本は集団主義社会〉と思っているのだった。では、どうやって線を引き直せば、そういう「一般読者」の常識をひっくり返せるのか。

佐伯啓思は、個人と国家との間に引かれた線を引き直す戦法に出た。「一般読者」のように〈西欧は個人主義社会だ〉と捉えれば、西欧では国家は個人の外側にあるものとして考えられているとふつうは思うだろう。つまり、西欧では個人と国家との間に線が引かれているとふつうは思うということだ。しかしそうではないと、佐伯は言うのだ。西欧では「国家は彼の外部にではなく、むしろ彼の心のうちにある」と言うのだ。佐伯は、個人と国家との間に引かれた線を取り払い、国家を個人の内部に引き入れたのである。

これはその通りであって、近代の国民国家における「国民」とは「国境を内面化した個人」のことだと、僕は考えている。社会学や政治学の事典などでは、「国民国家」は「民族的なまとまりを持った地域を基礎に成立した、中央集権的な国家」というように定義されているが、この定義に従えば、たとえば移民の国であり多民族国家であり合衆国でもあるアメリカなどは、国民国家ではないことになってしまう（佐伯もそう思っているからこそ、「西洋」と言わずに「西欧」と言っているのだろう）。だからこそ、アメリカではアメリカが国民国家であるために「アメリカ人であることではなく、アメリカ人になること」が重視されると言われるのだ。アメリカで国家への忠誠心が強調されるのも、アメリカが実質的には国民国家ではないからに違いない。

それに、世界を眺めてみれば一民族で一国家という方が、むしろ少ないだろう。現在の日本だって、たとえばアイヌ民族のことを考えただけでも、一民族で一国家というわけではない。そういうわけで、僕は国民国家とは「国境を内面化した個人によって成立している国家」と考えているわけだ。そう考えれば、アメリカは「国民国家」になろうと努力している国ということになる。佐伯啓思の考え方は、これに非常に近い。佐伯の言うように、西欧では「国境が内面化」されているからこそ、西欧の人々の国家意識は「誇り」という心のレベルとして現れてくることになる。

これは、僕も最近になってようやく実感できたことだ。僕は外国に行ったことはないが(外国の学会や大学からの招聘《しょうへい》をいつも断っているから、今後もなさそうだ)、外国からの留学生と交流を持つことが多くなってきた。それでわかったことは、彼等が一様に自国の歴史に関する知識が豊富で、自国に「誇り」を持っているということだ。これは、西欧人だけでなく、アジアからの留学生も同様だ。

日本では高校で世界史を必修科目にして日本史を選択科目にするという奇妙なことをやっているので(その「日本史」の内容の問題はしばらくおくとして)、自国の歴史を本当に知らない。もちろん、両方とも必修にすべきだ。なにしろ、国文学科に在籍していながら、明治、大正、昭和、平成という近代以降の元号さえろくに知らない大学生が本当にいるのだから。それに、日本は単一民族だと無邪気に信じ込んでいる学生も多いから、日本にいれば日本人であるとごく自然に思ってしまって、逆に国家意識を持つ必要がないのだろう。海に囲まれていて、国境線が外国と直接接していないのも、国家意識を持つ必要を感じさせない一因かもしれない。

誤解のないように言っておくと、これは、どちらが良いという問題ではない。「愛国心を持て」と言っているのでもない。自国の歴史を知るべきだと言っているのであって、それ以上でもそれ以下でもない。自国の歴史を知って、それに対してどういうスタンスを取るかは、個人の責任で選択すべきことだ。それに、「愛国心」にしても決して一律ではない。

たとえば、「最近の日本語は乱れている」とか、「正しくて美しい日本語を話し、書こう」などということを言っている「愛国心」に溢れている人を見ると、なんてものを知らないのだろうと思う。僕のように、明治期以降の雑書（俗っぽい本のことだ）をかなりの量読む仕事をしていると、「少なくとも近代以降、日本語が乱れていなかった時期はない」と確信を持って言えてしまう。「正しい日本語」などと言う人は、自分で勝手に理念としての「日本語」を作っていて、実際に使われている日本語を、その理念としての「日本語」を基準にして、「乱れている」と言っているにすぎない。最近言われる「愛国心」もどこかこれに似たところがある。

僕の言いたいことを確認しておこう。それは、「国境を内面化した個人」とは単に「国民」の定義であって、それ以上でも以下でもない。必ずしも「愛国心を持った個人」を意味するわけではないということだ。

†「私」と「公」の間に線を引く

「国家」は「内面」に「誇り」としてしまい込まれる。国家が個人の外部にバリアのようにあったのでは、特に多くの国家がひしめき合っているヨーロッパでは、関係がぎすぎすして、とてもでないが一緒にはやっていけないだろう。実際、あるポーランド人女性は、ふだんはかつてポーランドを占領したこともあるドイツの悪口ばかり言っていたが、兄がドイツ人と結婚したとなるとドイツに会いに行くのだとあっけらかんと言ったと、佐伯は書いている。

「ドイツの悪口」は「彼女の中のポーランド」が言わせたものだろう。しかし、ひとたび行動に出る段階になると、ドイツへの憎しみは「内面」深くにしまい込まれ、一人の「個人」として行動するのである。そのとき、彼女の外側には「ポーランドという国家」は現れてはいない。つまり、ヨーロッパ人にとって個人主義とは、ヨーロッパで生きていくためにやむを得ず選択された現実的な智恵のようなものであって、決して理想ではないのではないかというのが、佐伯の言いたいことだ。

言うまでもなく、このような個人主義の捉え方には、〈こういう成立事情を持つ個人主義を、日本ではいまでも理想だと思い込んでしまっている〉という皮肉な響きがある。個人主義を理想とする日本の戦後民主主義に対する批判が込められているわけだ。

では、国家を内面化したヨーロッパ社会では、剝《む》き出しの個人と個人同士の関係のほかに何もないのかと言えばそうではない。「国家や地域、民族への帰属意識」を大きく包み込んだ「公（パブリック）」という空間が用意されている。そして、この「公」という空間と「私（プライベート）」はするどく「峻別」されると言う。簡単に言えば、「公」の空間に「私」を持ち込んではいけないということだ。佐伯はヨーロッパにおける「私」の性質をはっきりさせるために、「公」という対立項を持ち出していたわけだ。個人と国家との間に引かれていた線を、「私」と「公」との間に引き直したのである。

佐伯啓思は「公」空間での子供の礼儀正しさの例を挙げているが、フランスによく行くフランス文学者の知人の話では、どうやらこれはペットでも同じらしい。パリで飼われている犬は散歩中もやたらと吠えてはいけないので、吠えないようにすごく厳しい躾をされていて、「パリの犬はみんなノイローゼになっている」のだそうだ。犬に「公」を教えるのは、ちょっと無理みたいだ。

最後に、日本における「公」の問題が指摘される。ヨーロッパでは「家の外に一歩出ると「公」の世界」という、「公」を自分の問題としてヒリヒリ肌で感じるような感覚があるが、それが日本にはないと言う。なぜなら、日本人は「公」は「お上」任せだからだと言うのだ。そこで、「公」ごとは他人任せとなって、「家の外に一歩出」てもそこが「公」の空間であるという認識が生まれず、「私」がとめどなく「公」空間にはみ出して来るのが日本だという結論になる。つまり、佐伯啓思の認識では、日本では「私」と「公」との間に線が引かれていないのだ。

という具合で、どうやら最後は西欧と日本との間に線を引いて、〈日本の戦後民主主義はイカン、やはり西欧の方がきちんとしてるのだ〉という、お決まりの構図にすっぽり収まってしまったようだ。佐伯啓思が保守派の代表的論客であるからには、当然の結論だろう。ただし、ここで学びたいのはこういう論文の内容ではない。佐伯啓思の論の展開に、線の引き直しがいかにかかわっていたかという点だけを学んでおけば十分だ。

というのは、僕は佐伯啓思論文の最後の方には説得力を感じなかったからだ。一例だけを挙げれば、日本で〈「公」はもっぱら「お上」の観念と重なってしまった〉のは江戸時代からのことであって、なにも戦後民主主義の責任ではない。でもまぁ、この程度のトリックは誰でもやっていることだから、それだからどうということもない。

†やはり西欧は理想なのか

佐伯啓思の方法を復習しておこう。

①西欧と日本との間に線を引いて、〈西欧では「個」が確立しているが、日本ではそうではない〉という「一般読者」の捉え方を浮かび上がらせる。②個人と国家との間に引かれた線を引き直し、西欧では国家は個人の内面にあると捉えて、西欧の個人主義は理想などではなく、生きていくための苦肉の策でしかないことを浮かび上がらせる。③その上で、〈西欧では「私」と「公」との間に厳しい線引きがあるのに対して、日本ではそうなっていない〉と論じて、ふたたび西欧と日本との間に線を引いて、日本の戦後民主主義を批判している。

以上が、「線を引く」という観点から見た、佐伯啓思の論文の構成である。はじめに〈西欧対日本〉という構図によって西欧の個人主義を理想化する「一般読者」をやや批判的に論じた佐伯が、最後になって〈西欧対日本〉という構図に頼って西欧の「私」と「公」との関係を理想化することで戦後民主主義を批判しているのは、佐伯啓思も結局は西欧崇拝者なのかと思わせないでもない。線の引き方を分析してみると、そういうこともよく見えてくる。

他者の視線の内面化——上野千鶴子「「見せる私」から「見られる私」へ」

「見せる私」から「見られる私」へ——インテリアの社会学

上野千鶴子

いま、婦人雑誌で女性がいちばん心をときめかせるのは、ファッションでも料理でもなく、インテリアのページだという。日本人も衣食足って、住といういちばんコストのかかる消費財にまで、手を伸ばしはじめたということなのだろうか。食べものなら、胸がむかつくほどにあふれている。タンスの中だってそでも通さない洋服で満杯だ。あと足りないのは、暮らしを入れるハコ——絵に描いたようなマイホームだけである。

もちろん、一生を抵当にして手に入るのが、せいぜいウサギ小屋であってみれば、住宅に投資できる人とできない人とは、所得階層によってはっきり分かれてくる。しかし、インテリアは違う。家具や照明のように固定したものだけでなく、カーテン、カーペット、ルームアクセサリー、そしてプラント（観葉植物）のような可動的な室内装飾品は、ハコよりも安価に、ハコが果たすはずの夢をかなえてくれる。インテリア小物という新しい商品マーケットは、驚くばかりの成長ぶりだ。インテリア小物は、せいぜい一万円札一枚までで——つまりブラウス一枚の値段で——カボチャのハコを魔法のお城に変えてくれる。少女向けの雑誌にさえ、インテリアの特集ページがあらわれる。

女たちにはもともと営巣本能があるから、とか、彼女たちの可処分所得がやっと住の領域にまで向きはじめたのだと、この現象を解釈するだけで十分だろうか？

女性がインテリア小物で買い入れる夢は、かつてインテリア雑誌のグラビアページで見たような室内を再現することだ。問題は、その室内の観客が、彼女ひとりだということだ。ハタラキバチの亭主は、深夜のご帰館で、せっかくの鉢植えにけつまずくのがオチ。その上、彼は、妻がインテリアに託した夢を共有しない。子どもたちだって、母親のインテリア趣味は、選択の余地のない与件にすぎない。核家族の暮らしには、訪れてくる客も少ない。当の女性だけが自分のインテリアに自己満足している。

インテリアで、女性は自分の暮らし方——ライフスタイルを自己表現している。ファッションももちろん自己表現の一つの手段である。ファッションの場合なら、私たちは「見られる」ことを意識して「私らしさ」を演出する。ファッションは、自分からは見えず、他人からは見られるものだ。ところが、インテリアは逆に、他人からは見られず、自分にだけ見える自己表現のメディアである。私だけのための自己表現——ダンディズムはここに極まるだろう。だが、室内にいて、室内を内側から見ている私たちの「目」とは何だろう。それは、どこかインテリア雑誌のカメラアイに似ていないか。「私の目」は、実は匿名の他者の視線と同じものになっていないか。

家の中で家族がいちばん往来するところに、等身大の鏡を備えつけたというある女性評論家の話を、私は思い出す。私生活の中で家族の者たちがとめどなくだらしなくなるのを戒めるためだ、とその女性は説明したが、その話を聞いて私は暗い気持ちになった。家の中の等身大の鏡――それは私空間に持ち込まれた他者の視線だ。この挿話は、他者の視線でプライバシーをのぞかれなくては、もう自分がだれかを確かめることもできなくなった私たちの社会の状況を、雄弁にあらわしてはいまいか。

現代人が「見られる」ことに耐えかねて、ついにのぞき屋にまでなり下がった、というのは現代文学にくりかえしあらわれるテーマだが、現代人はのぞき屋であるのと同じくらい、のぞかれたがり屋にもなっている。サルトルは「見られる不安」を言ったが、私たちは「見られる安心」の中で生きている。見られていないとかえって不安なのだ。「私って何?」――その答えは他の人々が教えてくれる。

インテリアブームは、のぞかれたがり屋の心理を反映している。絵に描いたようなインテリアの中で、人々は隠しカメラのレンズを通じて、自分の私生活をのぞきこんでいる。近代化の過程で、人々は「だれが見ていなくても神サマが見ていらっしゃる」という神の視線の内面化を成しとげた。今では神に代わって隠しカメラが内面化された。こうして私たちの社会は、クリスタルな見通しのよさを獲得する。

わたしと同じようなだれかに見られている、あなたに似たわたし。匿名の他者の視線が内面化されると、私たちはどんな時も「私らしさ」を演じはじめるようになる。見て見て、これが私よ、と観客を求めずにはいられなくなる。「一億総出たがり屋時代」がやってくる。みんなが役者になるいやな時代、とつかこうへい氏はいう。

社会学や人類学の分野で、行為を演技としてとらえたり、都市を舞台としてとらえるようなアプローチがはやるのも、だれもが四六時中、見えない観客を求めて自分自身を演じつづけるほかなくなった時代を読み解く解釈図式としてではないだろうか。

ファッションからインテリアへのブームの転回はたんなる消費の高次元化だけではなく、「見せる私」から「見られる私」への視線のUターンをも意味している。それは他者の視線の内面化という、とことんまでの管理社会化の完成の兆しなのだろうか。

†フェミニズムからの挑発

出典は、上野千鶴子「「見せる私」から「見られる私」へ——インテリアの社会学」(『〈私〉探しゲーム　欲望私民社会論』筑摩書房、一九八七・一)である。いまこの本は、増補版がちくま学芸文庫として刊行されている。なお、この文章の初出は「朝日新聞」(一九八二・六・一四・夕刊）である。だから、冒頭の「いま」とはこの時点を指すことになる。

ある時期まで日本のフェミニズム批評をリードしてきた上野千鶴子にとっては不本意なことかもしれないが、上野千鶴子の本をそれなりに読んでいる僕は、この本が一番好きだ。大衆消費社会論として、最高レベルの本だと思う。

ただしこれだけは確認しておきたい。保守化した現在の日本ではフェミニズムへのバックラッシュ（激しい反発）がかなりひどい状況にあるが、少なくとも日本においてフェミニズム批評を必死になって叩かなければならないほど大きな存在に育て上げたのは、まちがいなく上野千鶴子の功績である。上野千鶴子への好き嫌いは別にして、これは単純な事実として認めておくべきだろう。

上野千鶴子の文章の持ち調子は、どこかシニカルで、読者を苛立たせるような感じを与えるところにある。ふつうの読者への挑発である。それが、フェミニズム批評家上野千鶴子の手口だ（もしかすると、単に性格が意地悪だからなのかもしれないという気も、チラッとはするが）。「マイホーム」のことをわざわざ「暮らしを入れるハコ」などと言うところにそれがよく現れている。この言い方は確信犯的で、上野には『家族を容れるハコ　家族を超えるハコ』（平凡社、二〇〇二・一一）という書名の対談集まであるのだ。

もちろん、これには理由がある。フェミニズム批評の立場からすると家族制度が女性を抑圧するのだから、家族が住む建築物を「家」とは呼びたくないのである。そこで、わざと無機質的に「ハコ」と呼ぶのだ。

上野の挑発は、どういう「一般読者」に向けられているのだろうか。それはインテリア雑誌に載っているインテリアを買って、独りぼっちで自己満足している主婦と、そんな主婦のささやかな自己満足に気づきもしない働き蜂のサラリーマンに向けてだ。それが、当時ごく一般的な家族だった。そんな家族に向かって、あなた達の営んでいるマイホームはこんなに空しいものなんですよと、意地悪く挑発しているのである。

一般にインテリ女性フェミニストは「主婦」に敵意を抱いているような感じを受ける。第二部のはじめに書いたように、特にマルクス主義フェミニズムは「経済的な自立なくして人格的な自立はない」と考えるから、専業主婦は夫に寄生していて、人格的な自立を果たしていない女性と見えるらしいのだ。つまり、女性の社会的自立を目標とするフェミニズムの足を引っ張る存在に見えるわけだ。

だから、「フェミニズムは女性の味方だ」と単純に思っているとしたら、それは間違いだ。フェミニズムが女性を分断した面も決して否定はできない。少し前の話だが、ある女性大学教員は、結婚したらフェミニスト仲間から裏切り者のように言われたと本に書いていた。離婚すると、やっとあなたもフェミニストとして一人前になったと称えられるという話を女性大学教員から実際に聞いたこともある。

専業主婦の再生産労働（子供を生んだり、家族の身の回りの面倒を見たりすること）はシャドー・ワーク（無報酬の仕事）なので、父権制資本主義に女性が搾取されていることになる。フェミニズムの標的はあくまでこのような「男性が女性を支配し、年長の男性が年少者を支配する」（リサ・タトル『フェミニズム事典』明石書店、一九九一・七）構造を持った父権制資本主義という社会構造の問題であるはずなのだが、専業主婦という階層や結婚制度それ自体が父権制資本主義に手を貸しているという理由で、批判の的になっているのだろう。

そう考えれば、上野が挑発しているのは、父権制資本主義という制度に疑いを持たないすべての人々に対して、ということになる。

†無意識は見えるか

上野千鶴子の場合、こういう挑発が筆を滑らせたり、舌足らずな表現をさせたりすることもあるように思える。

第二段落はじめの「もちろん、一生を抵当にして手に入るのが、せいぜいウサギ小屋であってみれば、住宅に投資できる人とできない人とは、所得階層によってはっきり分かれてくる」という一文の意味が、僕にはサッパリわからないのだ。どうして「一生を抵当にして手に入るのが、せいぜいウサギ小屋」程度の住宅でしかないと、「住宅に投資できる人とできない人とは、所得階層によってはっきり分かれてくる」のか、これがサッパリわからないのだ。ここが「まともな住宅なら最低でも一億円はするのだから、住宅に投資できる人とできない人とは、所得階層によってはっきり分かれてくる」というような文ならば、意味がわかるのだが。

あるいは、ほんのちょっと言葉を加えて、「もちろん、一生を抵当にして手に入るのが、せいぜいウサギ小屋であってみれば、まともな住宅に投資できる人とできない人とは、所得階層によってはっきり分かれてくる」くらいでも一応わかる。それとも、「もちろん、一生を抵当にして手に入るのが、せいぜいウサギ小屋程度の住宅であったとしても、住宅に投資できる人とできない人とは、所得階層によってはっきり分かれてくる」ということだろうか。たぶんそうだな。誰か原文のままでわかる人、手を挙げてください。——僕も意地が悪いかな。

話を本題に戻そう。

上野の文章から考えれば、タイトルの「「見せる私」から「見られる私」へ」とある

「見せる私」とは、ファッションのことを言っているのだろう。「ファッションの場合なら、私たちは「見られる」ことを意識して「私らしさ」を演出する」という一節の、「演出する」の部分が「見せる」という言葉に対応する。そのあとに、「ファッションは、自分からは見えず、他人から見られるものだ」とあっても、ここでは「見られる」自分は「演出」した自分なのだから、「見せる私」の例としてファッションを持ってきた趣旨は変わらない。これを踏まえて、インテリアへと話題を変えていくところを見ておこう。

ファッションの場合なら、私たちは「見られる」ことを意識して「私らしさ」を演出する。ファッションは、自分からは見えず、他人から見られるものだ。ところが、インテリアは逆に、他人からは見られず、自分だけ見える自己表現のメディアである。私だけのための自己表現――ダンディズムはここに極まるだろう。

何と何とが逆なのかは、文章から明確に理解できる。〈見る／見られる〉関係が、ファッションとインテリアとでは逆だというのだ。問題は、それがどういうレベルの出来事かという点にある。

市川浩に「身知らぬ顔」(『〈私さがし〉と〈世界さがし〉』岩波書店、一九八九・三)という興味深い文章がある。市川はよく「身知る」という言い方をした。目で見て知る「見知る」ではなく、身体でわかることを「身知る」と言ったのだ。さすがニューアカデミズムの旗手の一人だけあって、身体を重視したのである。

少なくとも鏡を見ることがほとんどない私にとっては、私が親しく身知っている（見ることはできないのだから）顔は、内側からの顔である。他者から見ればかくされた内面の顔が、私にとってはあらわれた外面の顔であり、他者に対してあらわれた外面の顔は、私にはかくされた未知の顔である。（中略）私が身知っている凹形の内面の顔が私には外面の顔であり、私の身知らない凸形の外面の顔はむしろ私の内面の闇をかくしているように思われる。

市川浩の言っていることは、鏡を使って日々表情を作る練習をしている役者でもなければ、誰にでも当てはまることだ。僕たちが他人に向けて「こういう表情をしたい」と思って自分の意思でコントロールできるのは、実は顔の内側でしかない。「私が身知っている凹形の内面の顔が私には外面の顔」だというのは、そういうことである。

ところが、実際には僕たちの顔が僕たちの意思通りに表現できているかどうかはわからない。にこやかに笑いかけているつもりが、実は引きつっていたというようなことは意外に多いものだ。自分の意識では好意を示すつもりが、無意識のうちに表情が引きつって嫌悪感を表現してしまっていたというような場合である。それが、「私の身知らない凸形の外面の顔はむしろ私の内面の闇をかくしている」ということである。

しかし、「私の身知らない凸形の外面の顔」はたしかに他者に見られている自分の顔でもあるのだ。つまり、他者こそが「私」の無意識を見ているということなのである。原理的に無意識は自分では見ることができないものであるにもかかわらず、無意識があることがわかっているとしたら、こういう風に他者によって見られてしまっているからにほかならない。

この市川浩の考え方を援用すれば、上野千鶴子の言っている「自分からは見えず、他人から見られる」ファッションとは凸形の自分ということになり、「他人からは見られず、自分だけ見える」インテリアとは凹形の自分ということになるだろう。つまり、ファッションは意識的な自己表現であり、インテリアは無意識的な自己表現なのだ。そうだとすれば、「室内にいて、室内を内側から見ている私たちの「目」とは何だろう」という表現の意味するところも、明らかだろう。僕たちの無意識を内側から見る「目」とは、「匿名の他者の視線」以外にはあり得ない。

†フーコー的主体の生成

無意識を内側から見る「目」が「匿名の他者の視線」であるということは、どういうことだろうか。ここで、上野千鶴子が家の中に等身大の鏡を置いた「女性評論家」の例を挙げているのは、実に見事なレトリックだ。

ミシェル・フーコーというフランスの思想家に、『監獄の誕生』(新潮社、一九七七・九)というものすごく有名な書物がある。これは、書名からは本の中で説かれている思想を連想するのが難しい本なのだが、近代人の主体がどういう風に形成されるのかを、パノプティコンという形式の監獄に収監された囚人を例に、明らかにした書物である。パノプティコンとは、収容施設が放射状に配置され、真ん中に監視塔が置かれた形式の監獄のことを言う。監視塔からはすべての囚人の部屋が見えるのだが、囚人の部屋からは監視塔の中は見えない。

こういう監獄では、囚人は中央の監視塔から常に見張られている感じを持つようになる。そして、そのうちに仮に見張られていなくても、囚人は見張られていることを前提に行動するようになる。つまり、囚人に監視官の視線が内面化されたのである。言い換えれば、囚人は自分で自分を監視するようになったのだ。もっと言い換えれば、囚人は自発的に自分で自分を監視しはじめるのである。

こういうことを説明するために、鈴木謙介は大変面白い例を挙げている（前出『カーニヴァル化する社会』）。教室で試験を受けているときに、監督者が教室の前にいる時と後ろにいる時とでは、学生にとって心理的にどちらがカンニングがしにくいかというのである。監督者が教室の前にいる時はお互いが見えるから、監督者のスキを盗むこともできる。しかし、監督者が教室の後ろにいる時には、監督者がどこを見ているかがまったくわからないから、カンニングをするタイミングを得ることができないと言うのだ。

言われてみればなるほどその通りで、学生諸君にとってはこれほど身近でこれほど切実な（?）例はそうないと感心してしまった。僕も今度から試験の時には教室の後ろで監督しよう。そうして、これから授業でフーコーに触れる時には、この例でいこう。

上野千鶴子が「匿名の他者の視線が内面化される」と言っているのは、明らかにこのフーコーのパノプティコンの例を踏まえている。これがなぜ近代人の主体形成とかかわるのかというと、上野が「私たちは「見られる安心」の中で生きている」とか、「「私って何?」」——その答えは他の人々が教えてくれる」と述べていることがそれに当たる。

原理的に考えると、僕たちが「私」という概念を持つには、「他者」という概念が必要だ。つまり、自分と他人との間に線が引かれない限り、線のこちら側にいるのが「私」なのだという概念が生まれないということだ。「私」が「私」として感じられるためには、「私」の対立項が必要なのである。だから、無人島で生まれ育った人間に「私」という概念が発生するとは思えない。

こう考えれば、見知らぬ他者の中に投げ込まれて、はじめて痛切に「私」を「私」だと感じるのだということがわかる。流動化の度合いの高い近代社会は、見知らぬ者同士が偶然に出会う機会の多い社会である。そういう「匿名の他者」との関わりの中で、「私」は何者かという問いの答えが得られるのである。あの人とも違う私、この人とも違う私という、悪夢のような「他人とは違う私」の連続体験の中で、「私って何?」という問いの答えが出るのだ。

そしてその答えが出たときには、「私」は「みんなとは違う私」という抽象的な「私」になっているはずなのである。「私」が自分を「みんなとは違う私」と感じるためには、「私」は「みんな」の位置から自分を見ているのでなければならない。これが「匿名の他者の視線が内面化」された状態だ。この状態の時には、「私」は「みんな」の位置に立っていて「匿名の他者の視線が内面化」されているのだから、「私たちはどんな時も「私らしさ」を演じはじめる」ことになる。もちろん、「みんな」の位置に立っている自分に向けて演じはじめるのだ。

こうして、近代的主体の形成には「匿名の他者の視線の内面化」は必須条件となる。このプロセスを、「フーコー的主体の生成」と呼ぶ。

上野が最後に、「他者の視線の内面化という、とことんまでの管理社会化の完成の兆しなのだろうか」と言ってみせるのは、フーコー的主体の生成がパノプティコンの囚人と同じ構造を持っているからである。ただし、フーコーの挙げたパノプティコンの例はあくまで近代的主体形成のたとえだった。それを「等身大の鏡」を家の中の「家族がいちばん往来するところ」に据え付けたことで実際にやってしまったことに、上野はあきれかえっているようなポーズを見せているわけだ。

最後に、この一見軽く書き流したように見えて、その実ずっしりと重いエッセイの方法を確認しておこう。それは、文字通りたった一つである。自己と他者との間の線を取り払うことで他者を内面化すること、ただそれだけだ。たったそれだけの方法で、これだけのことが書けてしまうのである。もちろん、このエッセイが「商品」として成立しているのには、上野千鶴子のたぐいまれな才能がモノをいっていることは否定しない。

ここで思い出してほしい。佐伯啓思も、ヨーロッパでは個人は国家を内面化していると述べていたことを。そう、近代人の「主体」は「自由」という概念からはほど遠いものなのである。だからこそ、「自由」とは何かと、哲学は考え続ける。

無意識の棲まう場所――前田愛『都市空間のなかの文学』

空間のテクスト　テクストの空間

前田　愛

立原道造のソネットをとりあげてみよう。「私のかへつて来るのは」と題された作品である。

私のかへつて来るのは　いつもここだ
古ぼけた鉄製のベッドが隅にある
固い木の椅子が三つほど散らばつてゐる
天井の低い　狭くるしい　ここだ

ランプよ　おまへのために
私の夜は　明るい夜になる　そして
湯沸しをうたはせてゐる　ちひさい炭火よ
おまへのために　私の部屋は　すべてが休息する

——私は　けふも　見知らない友を呼びながら
歩き疲れて　かへつて来た　街のなかを
私は　けふも　疑つてゐた　そして激しく渇いてゐた……

窓のない　壁ばかりの部屋だが　優しいが
すつかり容子をかへてくれた……私が歩くと
ここでは　私の歩みのままに　光と影とすら　揺れてまざりあふのだ

「私」が帰ってくる部屋は、「ここ」、つまり「私」の存在が根ざしている場所として意識されている。それは「私」が「街のなか」に出て行く出発点であるにちがいないが、それ以上に「かへつて来る」場所としての意味が重い。天井の低さ、狭くるしさ、窓の欠如、といったこの部屋の属性は、「私」の生をあたたかく包みこんでくれるかけがえのない場所＝「ここ」が閉ざされていることのしるしである。三度くりかえされている「ここ」という言葉は、詩句のなかには欠けているものの、「あそこ」ないしは「かしこ」という言葉を一対の組として内包しているはずで、このテクストそのものの構造が、「ここ」をうたった第一、二、四連と「かしこ」をうたった第三連、というように、〈内部空間〉と〈外部空間〉の分節にそくして切りわけられているのだ。

「私」が棲みついている「ここ」は、とくに贅沢な室内装飾が凝らされているわけではなく、どちらかといえば簡素なたたずまいの部屋である。部屋のなかにあつめられた家具も、「古ぼけた鉄製のベッド」「固い木の椅子」というように、ごくありふれたものでしかない。「ランプ」「湯沸し」「炭火」にしても同じことだ。しかし、それらの道具は、「私」が「おまへ」と呼びかけることのできる、親密なものたちである。

M・ブーバーのいう二つの根原語をかりるならば、「ラ「ランプ」や「湯沸し」は、われ—それの冷やかな関係ではなく、われ—なんじの関係に向けてひらかれている。この簡素な部屋に集められたさまざまなものは、一つのまとまった秩序をかたちづくっており、その秩序そのものの理由として「私」を指し示しているのである（部屋の隅にあるベッドや床に散らばっている木の椅子から、第二連で紹介される「ランプ」「湯沸し」「炭火」などより小さいが部屋の中心部を構成しているものへと移動する視線の動きは、ごく自然に部屋のなかに集められたものの秩序を了解させる）。「私」からものへの呼びかけが、ものから「私」への呼びかけとして木魂するといった対話の関係がここにはある。ハイデッガーの言葉どおり、「私」は手許存在としての道具にたいして、「距離を無くしながらかかわっている」。

「私の夜」を明るい夜にかえてくれるのはランプの光であり、湯沸しをたぎらせている「ちひさい炭火」は、「私」がこもっているこの小宇宙の中心である。詩人はそのことを「おまへのために　私の部屋は　すべてが休息する」と表現しているが、この「休息」はとりもなおさず、「私」の「ここ」、「私」の生が根ざしている部屋がもっているさまざまな意味の中心なのである。

それではやすらぎを与えてくれる〈内部空間〉にたいして、詩人は〈外部空間〉をどのように把えているのだろうか。「私」は「見知らない友」との出会いを期待しながら「街のなか」を移動する。街、つまりは都市は本来的に他者との出会いが約束される場なのであり、そこには見知らぬ他者が親しい友にかわる可能性が用意されている。しかし、「私」の手もとに残されたのは疲労と疑惑であって、それだけに出会いを求める「渇き」はいっそう激しいものでなければならない。この第三連は、「疑つてゐた」「激しく渇いてゐた」というように、言葉の曖昧《アンビギュイティ》さが意識的に増幅されているために、その分だけ第一、二、四連を構成している〈内部空間〉にあつめられたものたちが、確かなイメージとして浮びあがってくる。動詞的世界と名詞的世界の対照である。〈外部空間〉は、「私」の生の確実な拠りどころである〈内部空間〉を図としてきわだたせる地の役割を果しているということもできるだろう。

朝の出勤の途上にあるサラリーマンにとって、オフィスはその日の〈未来〉をはらんだ「かしこ」として前方にひらけている。じっさいにはオフィスの仕事の大半はきまりきったルーティン・ワークであり、そこで過される時間はおおむね退屈な時間であるにちがいないが、それでも未知の人間や予測できない出来事との出会いは、いくばくかの可能性として彼を待ちうけている。そのかぎりで、立原の詩のなかにある「疑つてゐた」「渇いてゐた」という言葉は、住いから「街のなか」に出発した人間が引きうけなければならない不確定な〈未来〉のかたちを、その裏側から照らしだしていることになる。一日の仕事を終えて家路につくサラリーマンを待っているのは、使いのこされたその日の〈未来〉であるが、それは彼の気分のなかではすでに知られている〈過去〉に顛倒される。オフィスという「かしこ」から住いという「ここ」への帰還は、休息を約束してくれる〈過去〉への回帰なのである。

〈内部空間〉としての住いが〈過去〉の断《き》り口をのぞかせているとするならば、この詩をしめくくる最後の一行、「ここでは　私の歩みのままに　光と影とすら　揺れてまざりあふのだ」の意味するものもまぎれがない。「私」が歩きまわった昼間の街は、光と影がはっきり分けられている。あるいは影を失なった光だけの世界である。ところが、「私」が帰ってきた「ここ」、住いの世界では光と影がひとつにまざりあう。いうまでもなく、光と影は意識と無意識の暗喩であって、住いのなかに落ちついた「私」は、やがて眠りというまさに無意識そのものの世界に入りこんで行く。住いとしての「ここ」は、「私」の無意識が棲みついている場所であり、「私」は住いのなかの無意識に身をひたすことで、真の休息を手に入れるのである。

†なぜ都市がテーマとなったのか

出典は、前田愛「空間のテクスト　テクストの空間」『都市空間のなかの文学』（筑摩書房、一九八二・一二）である。いまこの本は、ちくま学芸文庫で読むことができる。前田愛は、やはり懐かしきニューアカデミズム運動への、国文学界からのほとんど唯一の参加者だった。

ニューアカデミズム時代はまた都市論の時代でもあった。この時代、なぜ都市論があれほどまでに隆盛になったのだろうか。それは、それまでの近代文学をはじめとする人文学のキーワードであった「近代的自我」を相対化できる枠組だったからである。近代的自我とは、まったき自由を持った主体が自己（人間）の主人公であるような自我のことだと言っていい。自己は常に意識化された主体によって物事を判断し、決めていると信じられてきたのである。

しかし、戦後すぐにフランスで起こった実存主義哲学は、そのことを疑った。たとえば、実存主義の課題を小説化したといわれているカミュの『異邦人』の主人公は、自分がなぜ殺人を犯したのか、その理由を自分の内面から見つけだすことができない。つまり、意志を持った自由な主体が、彼には実感できないのだ。だから、法廷で殺人を犯した動機を問われても、「それは太陽のせいだ」と答えるしかなかった。自分が自分にとって不思議な存在＝異邦人になってしまっているわけだ。

すでにこれまでも見てきたように、僕たちの主体は「完全な自由」などからはほど遠いものだということがしだいにわかってきた。主体とは自己以外の不純物をまったく含まない純粋なものではなく、むしろ自己以外の不純物から構成されているものだと考えられるようになってきた。こういう考えのキーワードになったのが「関係的存在」だった。自己は孤立して存在しているのではなく、さまざまな関係の中に存在している。すなわち、僕たちは、自分が自分であるという認識を「みんなとは違う私」という形でしか確認することができないような関係的存在だということだ。このことは、いま上野千鶴子の文章で確認したばかりである。

そのことを、例を挙げて説明しよう。

いまここに青空の広がった海にヨットが浮かんでいる絵があったとしよう。その場合、僕たちはふつうヨットがテーマだと思って絵を見る。こういうときのヨットを「図」と呼ぶ。一方、青空と海はヨットの背景として描かれていると考えて、それほど注意して見ないだろう。こういうときの海と青空を「地」と呼ぶ。この「図」と「地」との関係をひっくり返して、「地」を前景化し、「図」を背景化してみせるのが、ニューアカデミズムの手法だ。いわば、主人公とその他大勢との関係をひっくり返すのだ。そのことで、世界がまったく違って見えてくる。そう、文明でなく野蛮の側に立つ、あのやり方だ。

これが都市論が浮上してきた論理だった。それまでの近代文学研究は、「みんなとは違う私」における「私」の近代的自我の完成度だけを見てきたようなところがあった。それをひっくり返して、「みんな」の方を見てみようというわけだ。「図」と「地」との関係を反転させるのである。「都市の中の自己」を見るのではなく、「自己のいる都市」の方を見る試みが、都市論だった。

こうして「図」(自己)と「地」(都市)との上下関係を反転させることで、自己を自己として成り立たせているのは都市の中の「みんな」との関係だったということを明らかにしたのが、都市論だった。「みんな」の中にいることで、はじめて自己は「自己」となる。これが、自己が関係的存在であるということだ。これは、近代ではもはや人間は世界の主人公ではあり得ないとする、ミシェル・フーコーの思想と遠く響き合うところがあった。それはまたニューアカデミズムを支えた思想だった。

そういうわけで、前田愛の文章は「人間」が世界の主人公だと思っているような、古い時代の文学愛好者を挑発するために書かれている。事実、この時代には前田愛の論文を「機械仕掛け」とか、「人間が論じられていない」と言って批判する人がかなり多かったのである。いまでは、僕がこれに似た批判をよく受ける。「あなたの論文には、作者漱石の心の苦悩の問題が論じられていない」とかなんとか。そんな連中に「文学の読み方は一つではない」と言っても、受け付けないのだ。だから放っておくしかない、そんな化石みたいな心の年老いた「文学青年」たちは。

†無意識と休息

この文章の基本的な構成を把握しておこう。

詩の引用が終わって、本文の一行目に「「私」の存在が根ざしている場所」とある。これがどういう場所かを指し示してあるところが、結論部である。それは、最後から二行目の「「私」の無意識が棲みついている場所」のことだ。ニューアカデミズムの流行った時代はポスト・モダンの時代とも言われたが、この時代に建てられたいわゆるポスト・モダン建築は、形もへんてこりんだったが、ビルの中にわざと暗い場所を作っていたりしたところにも特徴があった。この暗い場所が僕たちの無意識を表しているというわけらしい。

さて、君たちは「「私」の存在が根ざしている場所」とは「「私」の無意識が棲みついている場所」のことであって、これがこの一文の結論だと言われて、十分に納得しただろうか。この点に、研究論文というもののポイントがある。

実は、ここが結論部だといういまの説明には大変重要な前提がある。それは、この論文がユング心理学の考え方を枠組として採用することで成り立っているということだ。したがって、もしユング心理学を信じない人がいたら（そういう人は少なくない）、この論文はまったく論理的には見えないだろう。ユング心理学の考え方を信じるか少なくとも理解している人にとってのみ、「私」の存在が根ざしている場所」とは「私」の無意識が棲みついている場所」のことだという説明が、論理的に見えるのである。

ごくおおざっぱに言ってしまえば、ユング心理学では無意識を無限のエネルギーの貯蔵庫のようなものだと考えている。だから、無意識に触れることが「真の休息」になるのである。ガソリンスタンドで、ガソリンを補給したようなものだと考えればいい。しかし、たとえばフロイト心理学ならば、無意識に触れることは「退行」と言って、せっかく大人になった人間が子供に戻ってしまう悪しき状態だと考える。また、フロイト心理学の枠組では無意識を「欲望」と読み換えるから、「私」の存在が根ざしている場所」とは「私」の欲望が隠されている場所」のことだ、とでもなったかもしれない。

したがって、フロイト心理学の枠組からこの論文を読んだら、「私」が最後に手に入れたものは「真の休息」などではなく、子供の世界がそうであるように、無秩序な混乱した世界でしかないことになってしまう。あるいは、「欲望」が渦巻く世界でしかないということになってしまうかもしれない。枠組が違えば、結論の意味も違ってしまうのだ。しかし、繰り返すが、ユング心理学の枠組を採用する限りにおいて、この論文は論理的なのである。

この論文がユング心理学を枠組としてはじめて論理的に見えるということを、たとえを使って説明しよう。

たとえば、サッカーをしているときに、足だけを使ってボールをゴールの中に蹴り入れれば、それは一点となる。ところが、サッカーをしているにもかかわらず、バレーボールのスパイクのように手を使ってボールをゴールに打ち込んだら、反則にはなるが、点にはならない。なぜなら、ルールが違うからだ。つまり、この論文はユング心理学というルール（枠組）でゲームをしているようなものなのだ。だから、そのユング心理学というルール（枠組）を認めない人には、少しも論理的には見えないのである。

文科系における論理とはこういうものであって、決して普遍的なものではない。文科系の論理は一つではないのだ。だから、文科系ではできるだけたくさんのルール（枠組）を知っておく必要がある。枠組のレパートリーを増やす必要があるということだ。そうでないと、相手がなぜそれを論理と考えているかが理解できないことが、しばしば起きるからである。もちろん、相手がまちがっている場合もあるが、こちらが不勉強で理解できないことも少なくはない。それに、相手がまちがっているかどうかを見抜くためにも、多くの枠組を知っていなければならない。それを身に付ける場が、大学だ。

†二項対立の組み合わせ

冒頭に引用されている立原道造「私のかへつて来るのは」は、口語定型詩の中でもソネット（全部で一四行あるので、「一四行詩」と呼ばれることもある）と呼ばれる形式である。日本では立原がソネットを広めたので、ソネットと言えば立原、立原と言えばソネットということになっている。

この詩の構成は、「私」の部屋を内部とすると、第一連から順に、〈内↓内↓外↓内〉となっている。もう少し詳しくいえば、第一連は「外から見た内」で、第三連は「内から見た外」となるだろうか。前田愛は、基本的にこの構成に従って、「内」と「外」との二項対立の組み合わせでこの詩を読んでいる。つまり、内と外との間に太い線を引いたのである。前田が「内」と「外」とを説明するのに使ったキーワードの組み合わせを示せば、次のようになるだろう。

内	**外**
a「ここ」	a′「あそこ」「かしこ」
b「なんじ」	b′「それ」
c「対話の関係」	c′「冷やかな関係」
d「親しい友」	d′「見知らない友」「見知らぬ他者」

e「名詞的世界」　e′「動詞的世界」
f「過去」　f′「未来」
g「無意識」　g′「意識」
h「光／影」　h′「光」

これらのキーワードの使われ方を、a「ここ」の例に即して見ていこう。

a「ここ」は「「私」が帰ってくる部屋は、「ここ」、つまり「私」の存在が根ざしている場所」（傍点原文）という文の連なりの中で使われているから、「内」に対応していることはまちがえようがない。前田の論の展開が上手いのは、その後だ。「「ここ」という言葉は、詩句のなかには欠けているものの、「あそこ」ないしは「かしこ」という言葉を一対の組として内包しているはず」だと言うのだ。詩の中には「ここ」という言葉が使われているだけだが、「ここ」という言葉が使われれば、それと二項対立の関係にある「あそこ」や「かしこ」という言葉が使われているのも同然だと言うわけだ。

これは、「ここ」という概念はそれだけで孤立して「ここ」を意味するのではなく、「あそこ」という言葉と対になることではじめて「ここ」という意味を持ち得るということである。二項対立的方法を使ったわけで、「みんな」の中ではじめて「私」は「私」となるという先の説明原理と同じだということがわかるだろう。

こういう風に、言葉は対立する別の言葉と対になることで、その意味の輪郭がはっきりする。しかもこの場合は、実際には「あそこ」という言葉は詩の中に書き込まれていないのだから、二項対立的思考によって、書き込まれていない「あそこ」を浮かび上がらせたのである。つまり、単独で使われている「ここ」という言葉の外側に線を引くことで、「あそこ」を呼び寄せたのだ。その手際は見事と言うほかない。

ただし注意が必要なのは、対立する言葉は一つとは限らないということだ。たとえば、「私」に対立する言葉は、前田論文では「彼」となっている。これは自然な設定である。しかし、「私」に対立する言葉が「われわれ」であることだってあり得るはずだ。現実には、「われわれ」の中で「私」が孤立する場合もしばしばあるからである。何を対立項として持ってくるかで、論じる内容も立場も変わってくる。そのことに自覚的になれることが、優れた論文の書き手となるかどうかの分かれ道だ。

以下、いま挙げたキーワード一覧の上の欄の言葉が「私の部屋」の説明に使われ、下の欄の言葉が「街」の説明に使われていることがわかる。徹底して二項対立で説明すること、徹底して「内」と「外」との間に線を引き続けること、これが前田の論の展開を支えているのである。こういう二項対立を強調した説明の仕方は多少図式的にはなるが、論文を書くときの基本なので、早く身に付けてほしい。

ここでもう一点注意を喚起しておこう。それは何かを二項対立に線引きする時にも、答えは一つとは限らないということだ。たとえば「人間」という概念を二項対立に線引きするなら、〈男／女〉、〈大人／子供〉、〈白人／黒人〉、〈ノッポ／チビ〉、〈浪費家／ケチ〉……などなどいくらでも二項対立を作ることができる。どういう二項対立を作るかに、その人の世界観や人生観がかかっている。僕たちの文脈で言えば、知性がかかっている。このことも忘れないでほしい。

†空間から時間へ

前田愛の論文の真ん中あたりに、部屋の中のモノたちは「小宇宙の中心である」とか、「この「休息」は〜さまざまな意味の中心なのである」と、書かれてある。これはちょっとわかりにくいかもしれないが、こういうことだ。

君たちの多くは自宅に個室を持っているだろう。そして、その個室はたぶん散らかっているだろう。しかし、それに業を煮やした「お母さん」が勝手に君たちの部屋を掃除してしまったら、君たちは困るだろうと思う。実は、この原稿をパソコンで書いている僕の書斎は、歩くスペース以外は本が腰の高さまで積み上がり、文字通り「足の踏み場もない」

状況に近い。それでも、「あの書類はあの山の中にある」ということは不思議にわかっているものだ（これが職場なら「片付けられない症候群」に分類されてしまうだろうが、大学の研究室はそれなりに整理整頓している）。だから、勝手に片付けられては困るのだ。

つまり、君たちや僕の散らかっている部屋は、職場なら単なる乱雑さに過ぎないが、自宅では君たちや僕の「休息」にとって「秩序」なのである。そのことを、前田愛は「小宇宙の中心」とか「意味の中心」という言葉で語っている。これでわかっただろうか。

その後の「それでは」と「朝の出勤の」ではじまる二つの段落展開が、また見事だ。「それでは」ではじまる段落では、詩の第三連にある「疑つてゐた」「激しく渇いてゐた」という言い回しが、「曖昧」な形で使われているという。これは、この二つの言い回しに目的語が書き込まれていないから「曖昧」になるのだろう。こういう形で、「私」の「街」への嫌悪感が分析されているが、こういう「私」の「街」への嫌悪感が「地」となって、「図」である「内部空間」での「休息」の意味をより鮮明に浮かび上がらせているという解説である。対立する二項の関係が、お互いの輪郭をはっきりさせるわけだ。

見事なのは、「朝の出勤の」ではじまる段落だ。それまでは詩の表現に即して空間的な説明に終始していたのが、この段落では一転して時間的な説明に水準が切り替わるのである。この時間的な説明の水準では、「ここ」が「過去」と対応し、「かしこ」が「未来」と対応させせられている。こういう風に、一つのことを水準を変えて説明すると論文に厚みが出るから、こういう技術は是非覚えておくといい。

一つだけ解説をつけ加えておこう。「立原の詩のなかにある「疑つてゐた」「渇いてゐた」という言葉は、住いから「街のなか」に出発した人間が引きうけなければならない不確定な〈未来〉のかたちを、その裏側から照らしだしている」という言い方についてだ。なぜ「裏側から照らしだしている」という言い方をするのか。それは、これが「疑つてゐた」「渇いてゐた」ではなく、たとえば「期待していた」という言い方ならば、「表側から照らしだしている」ことになる。しかし、心のどこかで「不確定な〈未来〉」に「他者との出会い」を淡く「期待」しながらも、実際にはその「期待」を「疑つてゐた」「渇いてゐた」という否定的なニュアンスのある言葉で語ってしまっている。そのことを、「裏側から照らしだしている」と言ったのだ。

なお、突っ込みも一つ。前田愛は「オフィスの仕事の大半はきまりきったルーティン・ワーク」だと書いているが、「ルーティン・ワーク」が仕事の大半であるようなサラリーマンはたぶんクビになるだろう。これはサラリーマンの実態を知らないというよりも、サラリーマンを見下した大学教授前田愛の傲慢さが出たところだと思う。

まとめておこう。この論文の手法から学ぶことは二つだった。一つは、徹底して線を引き続け、いくつもの二項対立を組み合わせて論文を構成すること。もう一つは、一つのことを水準を変えて説明すると論に厚みが出ること。いずれも、論文執筆法の基本だ。

2 国境と政治

見えない境界線——若林幹夫「想像としての現実」

想像としての現実

若林幹夫

この六月に、講談社選書メチエの一冊として『地図の想像力』と題した書物を上梓した。私がそこで考えたことの一つは、人間の社会にとっての「現実」と想像力との関係である。

たとえば私たちの社会では、「地図」という表現は地球表面上の「現実」をありのままに写し取り、縮尺して描きだすものだという理解が支配的である。だが、紀元前の古代バビロニアの世界図や「マッパ・ムンディ」と呼ばれる中世ヨーロッパの世界図、日本でも江戸時代まで各地の寺院等で見られたという「南瞻部洲図《なんせんぶしゅうず》」と呼ばれる仏教系世界図等を見てみると、そこには様々な神話的なモチーフや想像上の怪物、伝説上の島々など、私たちにとってはどう考えても「非現実」でしかない事物が、あたかも当たり前の「現実」であるかのように豊富に描かれている。地球表面上の地形や国々、町々等の「正しい配置」を正確な縮尺によって表現する地図を「正しい地図」と考える私たちには、それらの地図は神話的なドグマに凝り固まった、世界の「現実」を正しく写し取らない「誤った地図」にしか見えないかもしれない。だが、地図の歴史をふりかえってみると、私たちからすれば「非現実」でしかない想像上の土地や怪物たちに満ちた世界を「現実」としてきた時間の方が、現代の地図が示すような世界を「現実」として受け入れた時間よりもはるかに長いのである。

私たちの地図では一般に「誰の目にも見えるもの」、科学的に「測定可能なもの」だけが「現実」としての資格をもっている。(後述するように、そこにはきわめて重要な例外があるのだが……。) 近代の地図が示すこの態度はリアリズム的である。だが、近代以前の地図は、世界をそのようなリアリズムの相を通して理解しようとはしていない。そもそも世界を科学的に厳密に測量することも、自らの生活圏や文明世界を超えた世界の全体を調査してまわることも不可能だった社会の人びとにとって、私たちが自明のこととする科学的な正確さもリアリズム的な正しさも、実際上存在しないのである。科学的な正確さやリアリズム的な正しさに裏打ちされた世界の「現実」は、近代科学が可能にした測量技術や投影法と、世界をリアリズム的に見る世俗化した視線の相関項として、歴史的に「生み出された」ものであるにすぎない。

そうした近代的な意味での「正しさ」が存在しない社会では、世界を知ることは「見えるものを見ること」ではなく「見えないものを見ること」、自らの想像力を駆使して世界の像を生み出すことでしかありえなかった。近代の地図製作者であれば、いまだ測量されていない地域は空白のまま残しておくだろう。だが、そのような「空白」が許されるのは、いずれその空白の地帯が何者かの手によって測量されるであろうことを信じていればこそである。将来における測定の可能性が、現在における空白を許容するのである。けれども、測量による空白の充塡などはじめから不可能である一方で、にもかかわらず世界の全体を知ることを人が欲望するならば、その空白は自らの想像力によって埋められる他はない。その時、想像された世界の正統性は、その社会の神話や聖典などの正統化された知識や言説との参照関係によって「証明」される。聖書的な世界観にもとづく中世ヨーロッパのマッパ・ムンディの「正しさ」は、聖書という「真理の書」との参照関係によって「現実」(というよりは「真実」)として認められ、仏教的な世界図の「正しさ」や「現実性」は、仏典や古代インドの宇宙観との参照関係によって承認されるのである。

今日のように人びとが国境や地域を超えて様々な関係を取り結ぶ以前、人類が地球表面上の全体をまるまる活動の場とするようになる以前には、世界の全体像は聖なる書物や知識と人びととの想像力との参照関係の中にのみ実定性の根拠をもち、そのことによって「現実」(あるいは「真実」)たりえていた。近代以前の社会において世界の「現実」とは、そのような想像的な位相においてのみ成立することができたのである。

現代の私たちにとっての世界の「現実性」は、大航海時代や帝国主義の時代をへて、地球の表面上のすみずみまでが探検され、調査され、測定され尽くしたところに、すなわち、地球の上から想像力を働かせる余地が駆逐されていったところに成立した。そこでは世界は神話的・宗教的な意味を脱色され、純粋に「世俗的」な世界、「見えるもの」からしか成り立っていない世界として現れる。世界の「現実」を神聖な意味や神話的な構造と共にあるものとして考えてきた近代以前の多くの社会から見れば、こうした「世俗的」な事柄だけを「現実」とする見方はきわめて薄っぺらで、貧しいものでしかないだろう。だが、近代という社会は見えるものしか見ない「貧しい」世界観へと自らの想像力と現実観を禁欲することによって、いかなる宗教的・神話的な世界像もかつてもつことができなかった普遍的な「現実」を作りだすことに成功したのである。このリアリズム的で科学主義的な現実観は、近代科学技術的な合理性や、測定可能な範域としての領土を単位とする国民国家の形成、それにもとづく世界市場や帝国主義的な世界体制を経由した近代の国際関係などに支えられて、いまや私たちにとって唯一選ぶところのない「現実」であるかのように見える。だが、このような近代的世界における「現実」が、一切の想像的な契機を排除したところに成立した「究極の現実」であると考えるのは、少なくとも次の二つの点で間違いである。

第一に、科学的でリアリズム的な地図が写し取る世界の全体の像を、私たち自身は自ら直接目にすることができない。そのような世界の「現実」を私たちは、地図のような表現を通じて間接的に見、自らの頭脳を経由して想像的にイメージせざるをえない。どのような地図や表現を媒介にするのであれ、直接経験可能な領域を超えた世界の現実については、私たちはなにほどかの想像力の介在なしには了解することができないのである。

第二に、私たちの現在の地図にも、実際の地球表面上に「モノ」としての対応物をもたない想像的な存在が描きこまれている。現代の地図において地球表面をすみずみまで分割する、国境線に固まれた「国家」がそれである。ベネディクト・アンダーソンが「想像の共同体」と呼んだように、近代の国家は自らを同一の「国民」として想像する人びとの集団が、地球表面上の特定の領域をその国民に帰属する「国土」と考えるところに成立している。このような「領域」としての国家のイメージは、中世半ばのヨーロッパ世界で誕生し、世界がすみずみまで調査され、測量されてゆく過程と並行して全地球的に広がり、いまや南極大陸を除く世界の陸地のすみずみまでが、この「想像の共同体」によって覆い尽くされている。

社会にとっての現実とは、社会的に生み出され、構成された現実である。その現実は、つねにどこかで人間の想像力の働きと結びつき、それに支えられている。地図という表現が私たちに教えてくれることの一つは、そのような社会的現実の想像性である。

†「現実」とは何か

出典は、「想像としての現実」(PR雑誌『本』講談社、一九九五・七)の全文である。この文章は若林幹夫の名著『地図の想像力』(講談社選書メチエ、一九九五・六)の紹介のために書かれたものだが、それ自体で十分自立した、優れたエッセイ(フランス流にいえば「論考」かな)になっている。

この文章は、要するに「リアリズム」とは何かということについて書かれたものだと言える。「リアリズム」とは日本語に訳せば「現実主義」となるから、「主義」とある以上は「思想」である。現実主義とは、想像や理想ではなく、現実を重んじる思想である。

リアリズムが思想である以上は、信じる人も信じない人もいることになる。若林幹夫は「この世界は現実に存在している」とか「その世界は地図に写し取られている」などと無邪気に信じている読者に向かって、昔の地図がどういうものかを示すことで、「世界は無前提にあるものではなく、あなたがたがあると信じているだけではありませんか」と、挑発している。つまり、若林によれば、「現実」は「想像力」の産物でしかないということだ。しかも、若林の言いたいことはもっと先にある。そのことには、次の節で触れることにする。

まずは、地図の話題に即して、若林のエッセイの構成を押さえておこう。「リアル」と「リアリティー」という言葉がある。日本語に訳せば、「リアル」は「現実」で、「リアリティー」は「現実らしさ」となるだろう。僕たちにとって「現実」は科学的に解明されたものとしてある。仮にいまはまだ明らかになってはいなくても、将来にかけて科学が解明できないものはないと考えられている。したがって、いま僕たちが現在存在しているこの世界の全体、宇宙の果てまでが僕たちの現実となる。宇宙ロケットは何も想像の世界へ向けて飛んでいるわけではない。現実の世界へ向けて飛んでいるのだ。

しかし、「リアリティー」はそういう感覚ではない。たとえば、ジョージ・ルーカス監督の映画『スター・ウォーズ』の宇宙戦争が現実らしく見えること、スティーブン・スピルバーグ監督の映画『ジュラシック・パーク』に登場する恐竜たちが本物らしく見えることが、「リアリティー」の感覚だと言える。また、フィクションである小説が「ホントにあったこと」のように感じられるのも、「リアリティー」の感覚である。つまり、想像の産物でしかないものに「現実らしさ」を感じるのが、「リアリティー」なのだ。

そうである以上、「リアリティー」を感じるということは、それが「本物ではない」ことがわかっているということになる。「リアル」は「本物」で、「リアリティー」は偽物（作られたもの）に感じる感覚だ。それが「リアル」と「リアリティー」の最大の違いだと言える。「リアル」と「リアリティー」との間には微妙な形ではあっても、キッチリ線が引かれているのである。しかし、話がそこで終わるのであれば、若林幹夫の一文は書かれる必要がなかった。

若林はまず、紀元前の地図や中世の地図には、現在の僕たちからは、想像の産物としか思えないものが書き込まれていることを指摘する。そして、彼らはそれを「リアル」だと感じていたはずだと言う。なぜなら、現在あるような形での科学を持たなかったこれらの時代には、世界には未知の部分が多かったから、それを想像力で埋めるしかなかったからだ。その想像力を含んだ世界の全体が、彼らにとっての「現実」だった。そうである以上、彼らは自分たちの想像力の産物を「リアル」だと感じていたはずなのだ。

では、現代に生きる僕たちはどうだろうか。僕たちは地図は科学的なものであって、世界がまちがいなく写し取られていると思っているが、実際に自分の目でそれを確認することはできない。ましてや、世界の果てを見たものはいない。そうだとすると、僕たちが科学的だと思っている地図は、実は想像力で「リアル」だとイメージしているだけではないか。つまり、現代の地図も想像力の産物ではないのか。

もっと言えば、地図が科学的に世界を写し取っていると感じているのは、古代の人々が神話を信じたように、僕たちは科学を信じているからだけではないだろうか。要するに、科学は現代の「神話」なのだ。だって、僕たちの多くは科学が「正しい」とすることを実際に「検証」する能力がないのだから。だとすれば、それは「神話」とどこが違うのか。僕たちが「リアル」だと思っているものは、科学を宗教のように信じることによってのみ「リアリティー」を持ちうるのだ。

そこで、こういうことになる。実は、「リアル」と「リアリティー」は同じものではないのか、と。つまり、「リアル」(現実)とは「リアリティー」(現実らしさ)の感覚を実体化したものにすぎないのではないかということだ。たぶん、これが若林幹夫の言いたかったことだろう。

ついでに言えば、僕たちにとって現代の科学がいかに「イメージ」でしかなく、「神話」でしかないかを暴いた本がつい最近出た。原克『ポピュラーサイエンスの時代——20世紀の暮らしと科学』(柏書房、二〇〇六・三)である。ぜひ、手に取ってみてほしい。実は、若林幹夫も原克も現在は僕の同僚だ。早稲田大学教育学部はなかなかのところだと、宣伝しておこう。僕もいるし(笑)。

†国家は想像力の産物

もうずいぶん昔のことになるが、よしもとばななのお父さんである吉本隆明という高名な思想家が『共同幻想論』という、当時としてはものすごくユニークな書物を書いた。それは国家の起源に迫ろうとする試みだったが、吉本隆明の言うところによれば、つまるところ国家とは心が生み出した「幻想」にすぎないということになる。どうしてみんながそんな「幻想」に取り憑かれてしまうのかと言えば、それには性的なものがかかわっているというのが、吉本の理論だった。

実は、性的なものがなぜ国家という幻想を共有させる要因になるのかというところが僕には十分にわかっていないのだが、大学生の時にこの本を読んで、国家が「幻想」にすぎないと言われて大変な衝撃を受けた。当時は、そのくらい国家という概念の強度が高かった。しかし、いまはずいぶん変わってきている。

変わった最も大きな要因は、ソ連の崩壊である。当時はアメリカとソ連が核兵器を独占し、世界の国々を二分して対峙する冷戦の時代であって、そう簡単には国家が生まれたり消えたりしなかった。つまり、この冷戦の時代は国家が前提としてあって、アメリカ（自由主義）とソ連（共産主義）の両陣営が、国家の取り合いをしていた。国家を壊したり、分割したりすることは、例外的なことだった。

ところが、ソ連が崩壊して冷戦が終わると、国家に替わって民族という概念が前面に出てきて、一民族一国家でなく（もっとも、ほとんどの国はそうなのだが）、なおかつそれぞれの民族の軋轢《あつれき》があるところでは、それまでの国家を壊してでも民族単位で新しい国家を作ろうとし始めた。どういう単位なら一つの民族と言えるのかは難しい問題だと思うが、とにかくある時期に自分たちは一つの民族だと思い込んだ人々が、それまでの国家を壊しはじめたのだ。こうして、国家という概念の強度は一気に弱まった。

こういう現実と並行して、若林幹夫もこのエッセイで触れているように、ベネディクト・アンダーソンというイギリスの政治学者が、国民国家論の聖典ともなった『想像の共同体』(増補版、NTT出版、一九九七・五)という本で、国家は「想像」されたものにすぎないと論じて、文科系の研究領域でも、国家が一気に強度を失った。

アンダーソンの言うところは、若林がキッチリまとめている。「近代の国家は自らを同一の「国民」として想像する人びとの集団が、地球表面上の特定の領域をその国民に帰属する「国土」と考えるところに成立している」というのがそれだ。要するに、国家というのはその程度の「想像の共同体」にすぎないわけだ。逆に、だからこそ国家権力は実にさまざまなやり方で、「国民」に「国家」意識を植え付けようとする。

ものすごくハードなところから言えば、一つの国家に一つの憲法という制度も「国家」意識を強化するし、見えにくいところを言えば、郵便料金の全国同一料金という制度も、同じ料金で届く範囲が一つの国家だと、ほとんど意識されない形で僕たちに「国家」意識を刷り込んでいく。全国同一料金という制度が国家意識と結び付いていることは、民間の宅配便がそうなっていないことからもよくわかるだろう。こういう風に、「想像の共同体」でしかないものを、国境線で囲い込んで「国家」としての強度を持たせ、実体化するのが国家権力の仕事であるということを暴いていくのが、国民国家論という研究ジャンルである。

若林幹夫は、現実の世界に対応しているはずの地図に、たった一つだけ現実の地球表面上にありもしないものが書き込まれている、それが国境線だということを指摘することで、国家が想像の産物＝「想像の共同体」でしかないことを、実にさりげなく指摘してみせる。この手際は見事と言うほかない。若林は国境という線を、まさに想像力で消して見せたのだ。若林のエッセイはそのたった一つの方法に支えられている。

はじめに線が引かれる――杉田敦「境界線の引き方」

境界線の引き方　杉田　敦

一　政治的な境界線の引き方の代表的なものとしては、大きく二つあると考えられる。一つは、空間における境界線であり、国境はその例である。ある程度の地下からある程度の上空までの空間を分割する線が、地表と接したところが国境である。この境界線によって囲い込まれた空間の内部で起こる出来事は、基本的にその空間に固有の出来事と見なされる。こうした管轄権が相互承認され、境界線の絶対性が確立した時に、それは通常、主権と呼ばれる。主権とは、(破線でなく)実線の境界線をめぐる政治の一種である。まず、主権の対外的側面と呼ばれているのは、境界線の内部の事柄について、境界線の外部から介入しないということである。境界線の内部の事柄は、境界線の内部が自律的に解決すべきであって、外部にはそれにかかわる義務もなければ権利もないということである。次に、主権の対内的側面と呼ばれるのは、境界線の内側に、(有意味な)実線の境界線がないということにほかならない。内部の事柄を解決する際には、境界線の内部の全体(例えば主権国家)が唯一の決定単位となるのであって、それより小さないかなる単位も決定単位たりえないということである。

もう一つの境界線の引き方は、人間の群れに対するそれである。人間をどのように区切るかについて、何らかの自然な前提があるわけではない。しかし、人々はさまざまな基準を持ち出しては、自分の属する群れ(「われわれ」)とそれ以外の人々(「彼ら」)とを区別しようとしてきた。その場合、区切り方については大きく二つある。一つは、何らかの同質性に注目して群れを区切るやり方であり、人種や民族や階級という概念はそれに依存する。これに対し、第二の区切り方は、そうした同質性を必ずしも前提とはしない。軍事的な征服などによって、事実上編入された人々を「われわれ」と考えるのがそれであり、その場合には、必ずしも内部の同質性は前提とされない。国民国家とは、前者のような群れの区切り方を採用し、しかもそうした群れ（国民）の居住空間が、空間的な区切り方における境界線の内部（国家）と一致する場合に成立すべきものとされた。これに対し、帝国と呼ばれるものは、群れについての第二の区切り方を採用する（ローマ帝国を想起せよ）ものである。そして、そのような区切り方は、当然、群れの内部に差異があることを認めるから、空間との関係でいえば、空間の内部が一枚岩であるという発想は持ちにくい。このように、人間の群れについての境界線の引き方と、空間についての引き方は、あくまで別のことではあるが、関連はしている。境界線を確固たるものと見なす場合には、群れについても空間についてもそれは堅固である。

さて、こうした境界線は、先にもふれたように、必ずしも国境には限られない。例えば、かつて地球上では、いくつかの文明圏が、それぞれの文明の及ぶ範囲を想定していた。そうした文明というゲームの内部から見れば、何らかの境界線があり（それは明確に引かれている場合もあれば、途切れがちに引かれている場合もあるが）、その外部には「われわれ」のルールは適用されないのである。そこでは、境界線の内部だけが世界であり、その外は世界ではない。このような考え方は広く見られたが、二〇世紀において、このことの意味を最も深く掘り下げた一人がカール・シュミットであった。シュミットによれば、ヨーロッパ公法というゲームのルールは、かつてはヨーロッパという空間（ラウム）と、その内部にいる人々にしか適用されないことが明確であった。その際は、内部の同質性が存在していたために、ゲームは良好に行われていた。ところが、この境界線の囲い込む範囲が拡大していき、アメリカ合州国が含まれた頃から問題が生じるようになった。アメリカの普遍主義的な文化を反映する国際連盟の成立などによって、ラウムは全地表に及ぼされることになる。しかるに、このことは、地表が一つのルールによって覆われて安定化することを意味せず、逆にルールが空文化し、混乱状態が生まれることになった、というのである。国民国家の周囲の境界線とを重層的に考え、国民国家間で対立が続くにもかかわらず、ヨーロッパという空間そのものは維持されるという一つの歴史的な経験を浮き彫りにする点で、シュミットの議論は重要である。しかし、なぜヨーロッパの境界線を本質的なものと見なすのかの根拠は明らかではない。それは、シュミットの個人的な判断（あるいは、もっと多くの人々に共有された判断かもしれないが、いずれにしても論理的な帰結とまでは言えないもの）にすぎないのである。もっとも、このような恣意性は、ひとりシュミットの議論だけのものでなく、ヨーロッパ連合をはじめとするさまざまな地域共同体論についても言えることである。

境界線をめぐる政治はどのように展開するだろうか。境界線の両側が、線の所在について合意しているかぎり、両者は相互に他方に対して外部となる。そして、外部の外部として内部が定義され、そこでは何らかのルールが共有されていると想定される。これが、境界線を引くことによって、政治的な安定を実現できるという考え方の基礎であり、それは政治学の伝統の中に、形を変えながら連綿と受け継がれてきたものである。

しかしながら、境界線についての合意なるものはいかにして成立するのか、いや、そもそも成立しうるものなのかが問題である。合意ということが言えるためには、合意を確認すべき範囲が明確でなければならない。ところが、いかなる境界線も自然的な基礎を持つものでないとすれば、境界線についての当事者・関係者を、境界線の成立に先立って指定することはできない。何らかの線を引くまでは、線はどこにでも、どうにでも引けるのであり、したがって、あらゆる空間やあらゆる人々が当事者たりうるのである。例えば国境について考えてみよう。地面の上にある線を引く時に、一体どの範囲の人々にまで意見を求めれば、それは正統な線引きと言えるだろうか。これは、決して解けることのない問題である。これまでどうして境界線を引くことができたのかといえば、それは単に事実上引かれたのである。こうした事情は、ヨーロッパ諸国による植民地獲得競争の経過に最も明らかであるが、その場合にかぎられない。まるで自然に存在する単位であるかのような観念が広く流布している所（例えば日本国）でも、境界線は征服や戦争などによって形成されたものである。線自体は、さまざまな経緯の中で、事実上引かれてしまう。一度引かれると、それを維持しようとする力がさまざまな形ではたらくので、まるでその選択に何らかの必然性があったかのような錯覚が生まれることが多い。しかし、どんな線も、意見をきくべき全ての人々から意見をきき、きくべきでない人々からはきかなかったという基準を、厳密な意味で満たすことは絶対にできない。その意味で、境界線を引く瞬間については、どんな合意論的な政治観であっても、全面的に正統化することはできないのである。

境界線に根拠がない以上、境界線の所在について、最終的な合意が成立することはない。さまざまな異議申し立てがなされる潜在可能性はつねにある。これが空間的な境界について起こる場合に国境紛争など、人間の群れの区切り方について起こる場合に民族紛争などを生むことは、指摘するまでもないであろう。

しかも、境界線は、その線の直近にだけ、大きな影響を及ぼすわけではない。ある線の存在の影響は、遠く離れた所にまで及ぶ。ここから出てくるのが、境界線の並列をめぐる問題系である。ある境界線を挟むAとBという二つの領域があるとしよう。Bが別の境界線によってCと分離することは、Aにとって大きな意味を持つ事柄である。いわゆる国際政治においては、敵の敵は味方という考え方が大きな役割を果たしてきたが、そこでは境界線の外部のそのまた外部は、内部に準ずるものである。こうした連鎖にもとづいて、Aという領域が、遠く離れたNという領域の境界線問題に深い関心をいだき、そこに介入するといったことさえしばしば生じるのである。このことは何も空間的な境界線に限られたことではなく、階級やジェンダーなどにかかわる境界線についても言える。

しかし、外部が内部的な性格を帯びるということは、そもそも内部と外部という二分法が成立しないことを示しているのではなかろうか。ある人々は、ある時期には味方とされるが、どこか遠くで境界線が一本加わったり除かれたりしただけで、急に敵となる。味方である時期には、ルールが共有されていることが強調されるが、敵となった瞬間に、彼/彼女はルールを共有しない他者とされるのである。このようなご都合主義は、現代政治においてもしばしば見聞されるが、それは単にある種の国家やある人々が身勝手だということではなく、境界線をめぐる政治そのものに由来するのではないだろうか。

†いよいよ種明かし

出典は、杉田敦「政治と境界線」『境界線の政治学』(岩波書店、二〇〇五・二)の中の「境界線の引き方」と「境界線の位相」の二節を、「境界線の引き方」という一つのタイトルにまとめたものである。

第二部もここまで読んでくれれば、この杉田敦の文章についてはほとんど解説はいらないだろうと思う。線を引くことにはどういう意味があるのか、その種明かしをした文章なのだ。この文章を読めば、線を引くことは暴力だということがよくわかるだろう。しかし、それでも線を引かなければならない時があるし、線を引いたことによって見えてくることも多い。たとえ紙の上であっても、線を引いた責任は線を引いた人間が両肩で背負って行くべきものだ。

杉田の言いたいことは、二つである。

一つは、線を引くに当たっては、線を引くためにあらかじめ与えられた根拠があるわけではなく、線を引いた後に、事後的に根拠が作られるにすぎないということである。

そこで、こういうことが起きる。ある「民族」の外側に国境線が引かれると、その内側の国民が一民族から成り立っているかのような「神話」が作られる。たとえば、日本がそうだ。そこでさまざまな抑圧が働く。しかし、これはまだましな方かもしれない。不幸なのは国境線が引かれたあとにその内側は一民族でなければならないとして、多数民族による少数民族の大虐殺が起きたりする場合である。実際にそういうことが起きている。いったん国境という線が引かれてしまうと、その内側は一民族という根拠が事後的に作られる。それが不幸を生むのだ。線に根拠を与えることには、これほどまでに強烈な政治的な力学が働くのである。

何の理由もなく、突然線を引くことができるとすれば、それは根拠のない決断によっていることになる。第一部で、「判断は誰にでもできるが、決断は監督にしかできない」という意味の野村克也監督の言葉を引いておいた。こういう風に、決断は根拠なく行われるので、「命がけの跳躍」と呼ばれることがある。何かが「命がけの跳躍」によって根拠なく決められるという発想は、ポストモダン哲学の特徴である。

根拠なく線が引かれるとすれば、線を引くことは「政治」だと言える。あるいは、政治的決断なのだ。これは官僚がさまざまな理屈や資料を用いて「判断」するが、よく事情を知りもしない政治家が「決断」だけはやってみせるのとよく似ている。昔BS放送導入をめぐる議論が盛り上がったとき、金丸信という政治家は「バラバラ・アンテナ」などと言っていて、記者から「パラボラ・アンテナのことでは？」とやんわりと訂正されると、「そういう言い方もある」なんて平然としていたっけ。政治家なんて、その程度で「決断」してしまうような連中なのだ。

したがって、政治的な決断さえあれば、「何らかの線を引くまでは、線はどこにでも、どうにでも引ける」ということになる。だから、この本のタイトルは「境界線の政治学」となっている。また、杉田はこの本の別のところで、大文字の（つまり、比喩ではない現実の）政治を「境界線を引くゲーム」だと言っている。

アフリカの地図を見て悲しい感じを持たない人がいるだろうか。すべてではないが、真っ直ぐな国境線がいくつかあるのだ。アフリカのほとんどの地域が植民地だった時代の名残である。それは、「ウソでもいいから「自然」な感じを出してくれよ」とでも言いたくなるような、無惨な直線である。

もっとも、「自然」な国境などというものがあるだろうか。なるほど、人種、民族などによって国境を決めれば、ある程度は「自然」に見えるかもしれない。しかし、時間的にどこまで遡れば、あるいは時間的にどこで遡るのをやめれば、人種の同一性や民族の同一性が確定できるのだろうか。また、いったいどの地域がある人種や民族にとって「自然」な場所なのだろうか。そういうことが本当に決められるのだろうか。国境線でさえこうなのだ。

これがヨーロッパという境界線ともなれば、ことはもっと複雑だ。僕が前にいた大学の学部には芸術学科があった。その学科には西洋美術史の教員と東洋美術史の教員がいたが、西洋と東洋の境界はどこかという問題で議論が絶えなかったという。これは担当教員にしてみれば、授業の守備範囲を決める基準になるのだから、切実な問題だったに違いない。いまヨーロッパはEUとして一つにまとまろうとしているが、これと同じような問題が起きているようだ。たとえばトルコはヨーロッパなのだろうか、と。すなわち、杉田敦が言うように「ヨーロッパの境界線を本質的なものと見なす」ための「根拠」は明らかではないのである。

僕たちが机の上で引くことができる線は、文字通り「どこにでも、どうにでも引ける」。しかし、それが思考の上の小さな「政治」であることに変わりはない。僕たちは線を引いたまさにそのときに、ある「政治」的立場を選択しているのだ。しかも、線を引いたその後に起きることは、線を引いた当人には統御不可能になることが多い。

たとえば、ある若者たちを線で囲い込んで、イギリスの真似をして「ニート」と名づけたとき、いくつもの「調査」が行われ、その結果として彼らの特徴らしきものが記述され、彼らにマイナスのイメージが付着し、彼らが将来日本という国家に与える損害について語られ、彼らを「ニート」から救い出そうとする政策が始まる。それはいくら『「ニート」って言うな!』(本田由紀ほか、光文社新書、二〇〇六・一)と叫んでも、人々が「ニート」という名のお祭り」に飽きて、それが日常になってしまうまで、止まらないだろう。これらの全体が、線を引くという「政治」の後にやってくる、もう一つの政治なのだ。

†内部と外部

杉田敦がこの文章で言いたいことは、もう一つある。

杉田は、この本の別のところで、「「われわれ」とその外部との間に境界線があるように見えるためには、「われわれ」が同質的であるように見える必要がある」と述べている。つまり、「われわれ」に共通する一定の「国民性」を作り上げ、国境の内部が国民国家であるように見せるために、さまざまなことが行われるのだ。しかし、「敵の敵は味方」という国際政治の世界のルールに従えば、「境界線の外部のそのまた外部は、内部に準ずるもの」になってしまう。それは「内部と外部という二分法が成立しない」ことを意味する。

これは、僕たちの文脈に引きつければ、二項対立が無効になるということだ。実は、僕たちはこの第二部で、外部に向けた線を一本しか引かない論文ばかりを読んできた。だから、二項対立が使えたのである。しかし、線の外部にさらに複数の線が引かれたら、もう単純な二項対立は使えない。いくつもの二項対立を組み合わせていかなければ論は成り立たなくなってしまうのである。

たとえば、「私」と「彼」で二項対立を構成し、「私」と「われわれ」で次の二項対立を構成し、さらに「彼」と「彼女」でその次の二項対立を構成し、その上に「彼」と「われわれ」との二項対立を構成する必要も出てきてという具合に、いくつもの絡み合った二項対立が錯綜しているのが現実の世界かもしれない。君たちも、いずれはそういう悪夢のように錯綜した二項対立を組み合わせて論文を書かなければならない時期がやってくるかもしれない。しかし、それはまだ先のことだ。早くても卒業論文だろう。人によっては大学院の修士論文でもまだそういう悪夢を味わわなくてすむかもしれない。

いま、大学生がやらなければならないことは、まず一本だけ線を引いて、シッカリ二項対立を使えるように訓練することだ。

3 「われわれ」と「彼ら」

「共同性」から「多様性」へ——成田龍一「『少年世界』と読書する少年たち」

『少年世界』と読書する少年たち

成田龍一

『少年世界』の位相を検討するために、㈠博文館の発行する雑誌群のなかでの『少年世界』の位置を論じ、次に、㈡博文館自体の位置を、他の出版社と比較してみよう。いわば、前者は垂直的、後者は水平的に、『少年世界』の位相を計ることとなる。

博文館は「雑誌王国」で、一九〇八年には「一五大雑誌」をうたい、『太陽』と『少年世界』(一八九八年)のほか、『少女世界』(創刊は一九〇六年)、『女学世界』(一九〇一年)、『中学世界』(一八九八年)、『文章世界』(一九〇六年)、『英語世界』(一九〇七年)、『数学世界』(一九〇七年、未見)、『冒険世界』(一九〇八年)、『幼年画報』(一九〇六年)、『実業少年』(一九〇八年)、『文芸倶楽

部』(一八九五年)、『農業世界』(一九〇六年、未見)、『商工世界　太平洋』(一九〇〇年に週刊として創刊、一九〇三年月刊、一九〇六年に改題)、『鉄道汽船旅行案内』(一九〇七年、未見)が発行されていた。このほか、『外国語雑誌』(一八九七—九八年)、『幼年世界』(一九〇〇年)や『日清戦争実記』(一八九四—九五年)、『日露戦争実記』(一九〇四—〇五年)などが、一時期発行され、画報(『写真画報』など)も出される。

これらの雑誌群を、『少年世界』を軸に連関を考察してみると、『少年世界』のもつ「欄」=各要素が分節化され、それぞれの雑誌に、関連していることがわかる。『少年世界』の「幼年」欄は『幼年世界』『幼年画報』に、「少女」欄は『少女世界』に対応している。「寄書」欄は、『少年世界』の増刊『少年文集』をうみ出し、「小説」欄には、『文芸倶楽部』『冒険世界』が連関する。『外国語雑誌』『英語世界』は、『少年世界』「文学」欄に設けられた「英語課」(神田乃武)が照応し、『日清戦争実記』は、『幼年雑誌』の号外としての『征清画談』とともに、『少年世界』の「征清画談」と連動する。

「少年」から逸脱する年長の部分、とくに「学校案内」や学科、受験に関する要素が『中学世界』を構成し、家庭生活と女学校の学業にかかわる事項が『女学世界』を形づくる。実業にたずさわり、働く少年を対象としては『実業少年』が提示された(なお、『文章世界』は『中学世界』の「寄書」欄よりうみ出され、『商工世界　太平洋』は『太陽』「商業」欄より、『農業世界』は「農業」欄より誕生している。前掲『博文館五十年史』および、紅野謙介「『中学世界』から『文

章世界』へ」(『文学』第四巻第二号、一九九三年)、前掲、山口昌男「明治出版界の光と闇」)。

　これは、『少年世界』と博文館の雑誌とのあいだに、年齢(「幼年」「中学」および「女学」)、性(「少女」「女学」)、職業(「実業」)、主題(「文芸」「冒険」)にかかわる差異が存在するということである。「少年」との差異をひとつの「世界」としてふくらませ、独立の雑誌としている。『実業少年』は、「実業に従事し、又は従事せんとする少年」を対象とし、「精神的教育」をはかり、勤勉・労働・忠実・正直などの「諸徳を鼓吹」し、「立身の相談相手」となることを、目的とする(「目次」の囲み、『実業少年』第二巻第三号、一九〇八年九月)。『実業少年』の読者は進歩的有為の実業家なることを得るや必せり」(同右)ともつけ加えられるように、いずれは「実業家」となり、名をなすことが共通の目的とされている「世界」が、『実業少年』では、提示される。渋沢栄一、大谷嘉兵衛ら実業界の大立者が登場し、「訓戒」をたれ、立志伝が記され、「小切手の実用精法」(富沢精明、一-一、一九〇八年一月)や「商用会話」などの実用記事、あるいは、ひろく実業界に関する話題を『実業少年』は、掲げている。

　これに対し『女学世界』は、「あらゆる女子に必要なる事柄を網羅し、学を進め、智を開くと共に、其徳を清淑にし、其情を優美にし、家政に通暁せしめ、女子に必要なる芸能を自得せしめ、以て賢母、良妻たるに資せむ」とされる(「発刊の辞」『女学世界』第一巻第一号、一九〇一年一月)。「土佐日記」など古典の「講義」や、科学知識をふくむ「学術」が記されるとともに、「一家を整へて、幸福なる家庭とし、児女をよく教育して、立派なる将来の国民を作る為に要する、総ての智識」である家政学について、論じられる（塚本はま子「家政学の範囲と婦人の本務」同右）。裁縫や書法など「技芸」も扱われ、家庭・学校における女性の「世界」を提供した。一九〇〇年代後半に「受験関係記事の割合がしだいに多くなる」（竹内洋『立志・苦学・出世』講談社、一九九一年）と分析された『中学世界』は、「国語漢文」「史伝地理」「理科算数」「英語之栞」「農商工芸」と学科を主体とした構成で、記事が編集される。入学試験問題を示し、「受験案内」を掲載するなど、学業を中核とする中学生の「世界」を示している。

いくらか異色であるのは『冒険世界』の「世界」で、「全世界の壮快事を語り、豪胆、勇侠、磊落の精神を鼓舞し、柔弱、奸佞、堕落の鼠輩を撲滅せん」と述べる（「冒険世界の出現活躍！」『冒険世界』第一巻第一号、一九〇八年一月）。創刊号巻頭のグラビアには「半獣怪人」が描かれ、「狒々が人か？　人が狒々か？　地球上に斯かる怪物ありや否や」と記され、読者を「非文明」の世界へと誘う。同時に、第一巻第六号（六月）巻頭では、「文明国の悪遊戯」としてスペインの闘牛の図を掲げ、「何等の蛮風ぞや」と紹介し、暗黒の非文明と文明の野蛮との、双方の「世界」を対象とした。

こうして、博文館の雑誌において、『少年世界』との差異が、あらたな「世界」として展開されるが、これは別言すれば、㈠各々の「世界」の固有の規範と役割、㈡各々の「世界」を構制する内容や知識、㈢各々の「世界」を表現する形態が、提示されることにほかならない。『少女世界』をとりあげてみれば、『少女世界』では、「おとぎばなし」や「少女小説」により、少女たちの「わがまま」をいさめ、不遇な友への「同情」をすすめる。小波「おとぎばなし葉衣」（『少女世界』第一巻第三号、一九〇六年一一月）では、主人公が、「お前が身分不相応に、好い衣服なんぞ着度がるものだから、それで神様が罰を当てる、お前をお懲らしなすつたのだよ」とさとされる。少女たちは、しばしば夢の中で自らの身勝手を認識しており、自省という価値規範が、『少女世界』では提示されていた。また、沼田笠峰「学校小説　特別寄宿生」（『少女世界』三‐一〇、一九〇八年七月）は、父母を亡くし苦学する秀子に、級友たちが「同情」、秀子を「特別寄宿生」とする。これにより、秀子は「憂ひ」をさり、「上品な従順な女学生」となったという一篇である。

主として小説が少女の規範を提示するが、巌谷小波は、㈠「時と場合によつては」、女子も男子と「競争」せねばならず、「男の出来ることは、また女に出来ない事はありません」、㈡しかし、そのとき、「何時も分を忘れない様――即ち自分は女であると云ふ事を、飽くまでも覚えて」おかねばならない。また、㈢「女らしくすると云ふ事」＝女性としての「分」とは、「愛を持つと云ふ事」である、と述べている（「愛の光」『少女世界』一‐三）。『少女世界』は、こうして、少女たちを励まし、精神的・身体的に活動することを促し、同時に、「女性」としての自覚をもち、役割分担を知り、「愛」「同情」をもつべきことを、「少女」の規範として描き出した。詳述を避けるが、美をめぐる規範も、「少女」には入りこんでいる点も、指摘しておこう（三輪田元道「容儀と美」、谷紀三郎「お化粧について」『少女世界』四‐一〇、一九〇九年七月）。

第二に、「少女」としての教養にかかわる記事が、『少女世界』には掲げられる。「裁縫は少さ（ママ）い時分から心掛け」よと、「裁縫の手ほどき」が連載され（赤沼八重子、『少女世界』一-三）、レース編物のやり方が図解され（三木とみ子「花瓶敷」『少女世界』三-一〇）、「どんな御衣服で御年始を遊ばすか」を記す（赤沼八重子「正月の服装」『少女世界』二-一、一九〇七年一月）。

あるいは、「国文学の話」として、「源氏物語」を中心に「平安朝」の文学を紹介し（『少女世界』四-一〇）、植物や昆虫、天体など科学についても、論述をする。「少女」にふさわしい知識と教養が選択され掲げられるのだが、これは、「少女」としてこの程度の知識と教養が望ましいという、カタログでもある。

第三は、『少女世界』は低年齢むけであり、誌面を分割する柱が設けられていないが、投書欄に相当する部分が「少女会館」と名づけられた点が特徴的である。「少女会館」は、『少女世界』全一一二ページ中、一八ページ（一六％）を占め、「学芸室」「顧問室」「娯楽室」「談話室」と、区分けされている。文体においては、『少女世界』は、大半がていねい体で記された。

むろん、あらためて述べるまでもなく、『少女世界』は、『少年世界』と同様に、「われわれ」／「かれら」の区分をおこない、「われわれ」内部の差異に言及している。「男女の別なく、必ず尋常小学校の教育即ち国民教育を受け」る「われわれ」であり（鈴木光愛「新入学の諸嬢に望む」『少女世界』六-五、一九一一年四月）、「神代この方三千年、一度も穢されたことのない日本帝国に生れ」「国も家も自分も、清い美しい歴史に護られてゐる」「われわれ」である（沼田笠峰「進歩の歴史」『少女世界』五-一二、一九一〇年九月)。読者のレヴェルにおいても「少女会館」をつうじての「われわれ」意識の形成は強力で、小田原、広島などの地域で「愛読者会」が催されるほか、一九〇八年二月には東京で大規模に「少女世界愛読者大会」が開かれている。

他方、「われわれ」内部における差異の提示もおこなわれる。「絵で見る亜弗利加内地の野蛮人のやうな姿をしたものが五六人、路に立塞つて」いる(鳴海濤蔭「冒険小説　黒百合姉妹」『少女世界』三-一〇)という小説における記述や、グラビアにおける「アイヌ小屋」(『少女世界』一-三)は、「文明」の「われわれ」を確認させたであろう。あるいは、差異は、身なりやしぐさを通じても提示された――「教育のあるものと無教育なものとは、腰かけた時の足の揃へ方で解る」「公衆の前で、なぜあんなだらしのない姿勢をするのだらう」(沼田笠峰「手帳の中より」『少女世界』五-一二)。

『少女世界』は、内部においては『少年世界』と同型の世界をもち、外部の「世界」である『少年世界』と接するときに、規範・内容・表現における差異を示し、相互の位相―関係を確定する。内部における相似と、外部に対する差異をもつ「世界」がおりなす読書空間は、こうして関係性の網の目によって創出される「差異の体系」であり、そのなかにそれぞれの「世界」が表出される。『少年世界』の読者たちは、少年―少女、少年―幼年―中学などの関係-差異において自らの位置を確定するのである。

同時に、『少年世界』を包摂する博文館が提示するこの体系は、金港堂や実業之日本社など、他の出版社によってもつくり出される。金港堂は、一八七五年に原亮三郎により、横浜に創業。教科書の出版と販売に主力を注ぐが、一九〇一年に『教育界』を創刊し、翌年には『少年界』『少女界』『文芸界』『軍事界』『青年界』『婦人界』を刊行、一九〇〇年前後には「七大雑誌」を発行していた。金港堂に関するほとんど唯一の研究である、稲岡勝「金港堂小史」(東京都立中央図書館『研究紀要』第一一号、一九八〇年)は、金港堂はさらに、「法制界」「実業界」「宗教界」「医学界」と「すべての界の一字をつけた一一大雑誌を発行する予定でいた」と述べる。金港堂も、これまた、内部に「界」(=「世界」)をかかえた「差異の体系」を、示していた。さらに、「世界」の数こそ少いが、実業之日本社も、『少女の友』(一九〇八年)や『婦人世界』(一九〇六年)を発行している。

時期により異同があるが、金港堂が発行する『少女界』は、「をしへ草」「お伽噺」(「少女文学」)「学芸」「雑録」「なぐさみ」、『青年界』は、「青年界」「論評」「学問」「文芸」「小説」「漫録」「青年文壇」、『少年界』も「少年界」「譚海」「学問」「雑録」「なぐさみ」といった欄が設けられる。『婦人界』は、「論説」「家庭」「社会」「文芸」「史伝」「小説」、『軍事界』は「軍事界」「論説」「寄書」「学術」「体育」「史伝」「小説」のように誌面がわけられている。

『少年世界』と照応する『少年界』をみれば、(『少年世界』と同様に)「われわれ」の共同性を論じ、「われわれ」内部の差異を提示する。『少年界』の読者も、「われわれ」意識をもちつつ、読書空間のなかで「われわれ」の位置をはかっている。

すなわち、野田滝三郎は、創刊号（一九〇二年二月）の巻頭「紀元節に佳辰にあたり少年諸君に告ぐ」で、「我が日本は大国なり、美国なり、強国なり。されど初より大国なりしにあらず、美国なりしにあらず、強国なりしにあらざるなり。それを大国となし、これを美国となし、これを強国となしたるは皆諸君の祖先なり、祖先の力なり」と述べる。ここでは、「われわれ」の共同性と連続性が高調され、「帝国将来の運命」にむけての「われわれ」の覚悟も語られる。

「作文法」（友田宜剛、創刊号のあと偶数月に連載）や「「うた」の話」（佐々醒雪、創刊号のあと奇数月に連載）により、言語や感情を共有するものとして「われわれ」が創出されるのも、『少年世界』と同様である。友田は言文一致を論じつつ、「方言や卑語はぜひ止めたい」と述べ、「発音を正しくする」ことを訴え、同じ言語を有する「われわれ」と、「われわれ」の共通の言語を「自覚」させようとする。中野京雛「太閤瑣談」（一-二、一九〇二年三月）で「諸君の既に知らるゝ」「偉人」を論じ、共通の記憶をつうじての「われわれ」を創出した。あるいは、口絵に「台湾生蕃」「アイヌ人」「アイヌ住居」の写真を掲げ、（「われわれ」とは異なる）「かれら」の存在により「われわれ」を確認させることもおこなった（一-七、一九〇二年七月）。他方、「十一計りの丁稚」長松を主人公とする、浄松「化物お菓子」（一-二）などの小説をつうじて、「われわれ」のなかの差異も描いている。

　読者の側も、「通信」欄により「われわれ」意識をもち、もっぱら編集部への要求が主であるが、「記者さんどーか少年諸君の書画を募集して下さい」（岡本桜渓、一-四、一九〇二年五月）、

「少年界の愛読者ですが」「絵葉がきを二枚づゝつけていたゞきたい」（絵葉かきお願女史、同右）などの発言をおこなう。「故郷の祭礼に付て少年界読者諸君に御話申たいが少年界に投稿しても宜しいですか」（東天紅、一-三、一九〇二年四月）という発言もあった。

このとき、読書空間のなかで、「われわれ」＝『少年界』の読者共同体を、差異の点から論ずる投書がみられる。RN生は、「少年界と博文館の少年世界とを比べて見れば」「少年世界の方は少し四角張つてる」と述べ（一-三）、鉄瓶生は、これまでは『少年世界』を「愛読」していたが、『少年界』を買ったら「実に面白くて今度少年世界を読むのがいやになつてしまいました」という（一-四）。

『少年世界』と『少年界』の差異は微細であり、とりざたされるほどのものではないにもかかわらず、互の差異が述べたてられる。「われわれ」の位相が、差異において確定させられるのである。

こうして、『少年界』は『少年世界』と同様の世界をもち、『少女界』『青年界』など、金港堂の他の「世界」との差異を確認する一方、金港堂の外部である博文館の『少年世界』とも、差異を競いあう。『少年界』そのものと、『少年界』読者との双方のレヴェルでかかる事態が現象するが、これは、金港堂が博文館と同型の体系をつくりあげ、そのうえで、博文館との差異を提示している、ということである。博文館、金港堂あるいは実業之日本社が、それぞれの体系を内包しつつ、総体として読書空間を編成し、幾重にも共同性と差異性のメッセージをおくり出し、「われわれ」意識と「われわれ」内部の差異、「われわれ」の位相の確定をはかるように、しむけていく。本来は微細な相違にすぎないものが、「われわれ」／「かれら」と区分され、ひとつの「世界」として拡大されることにより、実体化し、固定化されてしまう。また、読書行為をつうじた「われわれ」意識も、読書空間のなかで差異の関係にくみこまれ、これまた実体化される。一九〇〇年前後の読書行為や読書空間をめぐっては、かかる構制と実践とがみられるのである。

†典型的なカルチュラル・スタディーズの論文

出典は、成田龍一「『少年世界』と読書する少年たち——一九〇〇年前後、都市空間のなかの共同性と差異——」（『思想』岩波書店、一九九四・一一、のち成田龍一『近代都市空間の文化経験』岩波書店、二〇〇三・四）からである。成田龍一は近代史が専門の歴史研究者で、カルチュラル・スタディーズ（少しバカにして「カルスタ」とか、少し気取って「CS」とか呼ばれた時期もあった）の旗手の一人と見ていい。

これは典型的なカルチュラル・スタディーズの論文、中でもメディア研究というジャンルの典型である。この論文の最終的な結論は、「一九〇〇年前後の都市空間は、こうして、「われわれ」／「かれら」の区分をおこない「われわれ」の共同性を確認するとともに、「われわれ」内部の差異が提示される時空間であった」（引用した文章の直後にある）というものだ。カルチュラル・スタディーズの基本的な文献、アンダーソン『想像の共同体』（前出）やホブズボウムほか『創られた伝統』（紀伊國屋書店、一九九二・六）の枠組にもすっぽり収まる、いかにも教科書的な論文でもあった。

近代日本では、はじめは日本国民としての「われわれ」意識の構築に励んだが、ある時期からその「われわれ」の内部に「多様性」を導入しはじめた、その転換期が一九〇〇年頃だと言うのである。まず、この指摘自体に研究上の価値があることを確認しておきたい。明治三〇年代が近代日本の転換期であることはいまでは研究者の間で広く共有されている認識だが、成田論文にはそのことをかなり早い時期に明らかにした大きな功績がある。

この論文の前半では、『少年世界』という雑誌（メディア）が、当時日本より劣っていると見なされていた国や人種との対比を用いて、日本人に優越的な「われわれ」意識を植え付けようとしている戦略を指摘し、後半ではこの結論部後半にあるように、「「われわれ」内部の差異が提示される」ことを『少年世界』や『少女世界』を例に具体的に分析している。また『少年世界』が、似てはいながら少し違う他の雑誌群の中で、いかに『少年世界』としてのアイデンティティを獲得したのかも分析されている。この点も大きな功績である。

総体として、日本の国民意識の変容する様子をストーリー的に指摘した論文で、「ストーリー系の論文」の典型である。しかし、なぜそのような変容が起きたのかを問うていない点で、「プロット系の論文」とはなっていない。その点が僕には物足りない。僕なら、成田が結論とした地点から、「なぜ」という問いをかかえて出発する。

この本では、論文の後半部分から引用させてもらった。僕たちの文脈では、この後半部では、『少年世界』がその外部（他の雑誌との差）にも内部にも線を引きまくって、たくさんの差異を作り出した様相が分析されている。全体に調査の行き届いた、見事な論文である。線を何本も引くだけで、原理的にはこういう一流の論文が書けてしまうのである。もちろん、調査の仕方は大学で学ぶのである。

しかし、成田龍一には時としてポカがあるように思う。

成田龍一には『〈歴史〉はいかに語られるか　1930年代「国民の物語」批判』（NHKブックス、二〇〇一・四）という、これもいかにもカルチュラル・スタディーズらしい趣の本がある。なぜカルスタ的かというと、「歴史」そのものではなく、その「語られ方」を問題にしているからである。この本を大学院生と読書会で取り上げたことがあるのだが、歴史オタクっぽいところのあるイギリスから来た大学院生が、怒って「本の代金を返してほしい」と言っていた。理由は二つあった。

一つは、成田龍一の歴史家としての資質にかかわるとさえ思われる記述についてだった。

この本のはじめの方にこういう記述があるのだ。

イラク対多国籍軍というかたちとなったこの戦争(「湾岸戦争」を指す——石原注)は、国民国家と国民国家が対立し戦闘をおこなうという、従来の戦争形式の変化を告げたのである。さらに、湾岸戦争に続く、NATO軍のユーゴスラビアへの空爆もまた、これまでの国民国家を単位とした戦争のあり方とは異なっている。(傍線石原)

告白するが、僕は歴史オンチである。その僕でも、この記述には開いた口がふさがらなかった。イギリス人大学院生は激怒した。まず傍線を引いた「従来の」とか「これまでの」という言い方が、いつからのことを指すのかがはっきりしない。研究者はこういう不明確な雰囲気だけで読ませるような記述をしてはいけない。これでは「昔はよかった」式のいい加減な社会批評とさして変わりはなくなってしまう。これだけははっきり言っておくが、「従来の」とか「これまでの」とか「昔は」といった言葉が、それがいつのことかと限定しないで使われている文章は、信頼してはならない。印象批評か感想文にすぎないからだ。

成田の言う「従来の」とか「これまでの」が漠然と湾岸戦争以前を指すのならば、「では古代の戦争は、国民国家同士の戦争だったのですか」とでも意地悪く聞いてみたくなる。

そこまでいかなくても、たとえば第二次世界大戦にははっきりと「連合軍」というものが存在していたはずだ。そこまで遡っただけでも、「国民国家と国民国家とが対立し戦闘をおこなうという、従来の戦争形式」とか「これまでの国民国家を単位とした戦争のあり方」などと言えるはずはないのだ。筆の滑りなのかもしれないが、こういう基本的な歴史認識について、研究者が筆を滑らせてはいけない。イギリス人大学院生が激怒したのも無理はないと思った。それとも、僕たちがとんでもない勘違いをしているのだろうか。

イギリス人大学院生はさらに怒っていた。「これは歴史の本ではなく、アジテーションするために歴史を利用した本にすぎない」と言うのだ。イギリスは保守的な国で、歴史学もすごく保守的だから、この怒りにはイギリス人特有のバイアスが掛かっているとは思った。何しろ「セオリー」(理論)と言ったら「左翼思想」のことを指すようなお国柄なのだから。しかし、小谷野敦が最近特に「研究は「価値自由」でなければならない」と言っているような観点からすれば(「価値自由」とは、研究に価値観を持ち込んではいけないということを言う)、たしかに「アジテーション」と言われても仕方がないとも思った。もちろん、厳密に「価値自由」な研究はあり得ない。なぜなら、あるテーマを取り上げることそれ自体がすでに何らかの価値観の表明なのだから。

しかし、この事態にはカルスタの性格にかかわる重要な問題が含まれていた。

†カルチュラル・スタディーズとは何か

カルスタは、もとを糺せばイギリスのニュー・レフト（新左翼系）の研究者が、それまでほとんど見向きもされなかった労働者階級の文化を研究しはじめたところから来ている。このことの重大さは、日本人にはなかなかわかり難いようだ。イギリスはいまでもはっきりした階級社会で、労働者階級には「はじめから競争の機会すら与えられない社会」で、「差別的な格差が、教育システムを通じて、世代を超えて固定化されて」おり、「階級を一つ上に上がるには三世代かかる」（林信吾『しのびよるネオ階級社会』平凡社新書、二〇〇五・四）と言われるほどなのだ。イギリスではじまったカルスタには、こういう階級差別に対する抗議の意味が含まれていたわけだ。

だから、イギリスのそれなりの大学で教育を受けた先のイギリス人大学院生には、そもそもカルスタに対する認識が十分になかったか、もともと反感を持っていたか、そのどちらかだった可能性が高い。彼の「これはアジテーションだ」という反発は、カルスタと中流階級のイギリス人との関係を考えれば仕方のないものだったと言える。カルスタはもともと政治的なのだ。

成田論文に即して言えば、ここで最も強調されているのは当時いかにして「われわれ」

意識が作られたかという点にある。つまり、江戸時代まで各藩に別れてそれぞれの「お国」に分断されていた日本の人々に、日本の国境線を浮かび上がらせ、世界の弱者にある人々と対比させることで、優越的な「われわれ」意識を植えつけることに成功したというわけだ。こうした優越的な「われわれ」意識がその後の日本を植民地主義的な「帝国」へと暴走させてしまったという批判的な含みを持つ論文なのである。その意味で、ポスト・コロニアリズム的要素も含み持った論文だと言うことができる。それが、『少年世界』という子供用のメディアにおいてさえも行われていたということを明らかにしたことが、この論文の大きな功績の一つなのである。

当時「日本」という国家意識がいかに急拵えで作られたかという点について、言語の面から解き明かした名著にイ・ヨンスク『「国語」という思想』（岩波書店、一九九六・一二）がある。是非、一読を勧めたい。ほんの百年前まで「日本」という国が「日本人」にさえまだ自明なものでなかったことを知っておくことは大切なことだ。そして、その「日本」という国家意識を強化し、広める最大のイベントが、外国との戦争であることも付け加えておきたい。日清戦争、日露戦争が「日本」の国境線を強化し、意識化させたことはまちがいのない事実である。成田論文はここまで見通した長い射程を持っていたのだ。それを「われわれ」と「彼ら」との間に一本の線を引くこと、それだけで論じ切ってみせたのである。

こういう具合に、政治的な性格は日本のカルスタにもシッカリ受け継がれているが、そのポリティカル・コレクトネス(「政治的正しさ」と訳されるが、これも気取って「PC」なんて言われていた)の姿勢は、まるで「学会版道徳の時間」である。最近は、それにポスト・コロニアリズム(植民地主義以降の文化研究)の要素が加わって、PCの激しさの度合いが強くなっている。ちょっとカルスタの面々の気に入らないことがあると(なぜか彼らは学会で徒党を組んでいて、なるほど政治集団に見える)、「差別だ、差別だ」と魔女狩りがはじまって、鬱陶しいこと甚だしい。最近は少し変わってきたが、一時期の学会誌の紙面は、僕が「カルスタ仕立てのポスコロ風味」と皮肉っている論文で埋め尽くされていた。

僕はもともと学会政治に生理的嫌悪感を持っているので、この十数年以上学会へはまともに行っていない。もっとも、僕自身も若いときは学会政治にどっぷりと漬かっていた(と言うか、巻き込まれていた)時期があるから、人のことを批判できる立場ではないのだが(もうおわかりだと思うが、僕はこういう理由でカルスタが嫌いなので、この項目にはかなりのバイアスがかかっていることを否定しない)。

カルスタは構築主義と呼ばれる立場を取る。構築主義については前にも書いたが、復習しておくと、こうなる。

構築主義の対立概念は本質主義で、本質主義がある性質が生まれながらに備わっていると考えるのに対して、構築主義はそれは文化の中で後天的に構築されたものだと考える。したがって、フェミニズム批評は、当然のことながら構築主義の立場を取る。これは、ボーヴォワールが「人は女に生まれるのではない、女になるのだ」(『第二の性』)と宣言して以来の思想である。言うまでもなく、「女に生まれる」ことが本質主義の考え方で、「女になる」のが構築主義の考え方だ。つまり、構築主義は文化の中である性質が作られるとか、身に付けさせられるとか考えるわけだ。こういう立場が、カルスタの基本のところにある。

†カルスタの語り口

構築主義の立場を取るカルスタでは、「〜は近代になって作られたものにすぎない」というような否定的な言い方が、決まり文句として使われることになる(僕がこれを「作られた系の論文」と密かに呼んでいることは前にも書いた)。そこで、「〜の近代」というようなタイトルの論文や本もたくさん出された。どのような性質もはじめから備わっていたのではなく、後から抑圧のための装置として権力によって作られたものだと告発的に論じるのだから、当然だろう。先の若林幹夫の文章にも、次のような一節があったことを思い出してほしい。

科学的な正確さやリアリズム的な正しさに裏打ちされた世界の「現実」は、近代科学が可能にした測量技術や投影法と、世界をリアリズム的に見る世俗化した視線の相関項として、歴史的に「生み出された」ものであるにすぎない。

ちょっと注を付けておくと、社会学でいう「世俗化」とは「宗教から抜け出した」という意味である。さて、これが典型的なカルスタの語り方なのである。ただし、若林の言い方は十分に意味があって、〈いま僕たちが「現実」だと思っているものは、科学という現代の神話の枠組から見た世界の見え方にすぎないのであって、宗教を信じていた頃と本質的には変わりない〉という、現代を相対化する文脈の中で使われているから、単なるカッコウを付けるための「決め言葉」などではなく、十分に実質を持って効果を発揮していると言える。

しかし、成田龍一はこの点に関して十分意識的だとは思われないのだ。結論部を改めて引用しておこう。

博文館、金港堂あるいは実業之日本社が、それぞれの体系を内包しつつ、総体として読書空間を編成し、幾重にも共同性と差異性のメッセージをおくり出し、「われわれ」

意識と「われわれ」内部の差異、「われわれ」の位相の確定をはかるように、しむけていく。本来は微細な相違にすぎないものが、「われわれ」／「かれら」と区別され、ひとつの「世界」として拡大されることにより、実体化し、固定化されてしまう。

この結論部の内容には異議はない。問題は、その語り口にある。僕は、傍線部に引っかかるのだ。カルスタは構築主義の立場を取るはずであった。ところが、「本来は微細な相違にすぎないものが」と書かれてしまうと、この記述の向こうに「本来」という本質を想定していることになってしまうのだ。「本来」は「自然」だったのに、メディアがそれを「不自然」にしてしまった。どうやらそう言いたいらしいのだ。そうだとすれば、これはまさに本質主義の立場からなされた記述ではないか。

なぜこういう記述になってしまったのかと言えば、それは構築主義の外部に線を引いてしまったからだ。だから、構築主義の外部に、構築主義を支えるかのように本質主義が対置されてしまったのだ。成田龍一はそれを不用意にも書いてしまった。その結果、構築主義の論文が本質主義的な語り口を持ってしまったのである。構築主義の論文にこういうことが起こりがちだということは、第一部で指摘しておいた。

最後に付け加えておくと、先の引用の「しむけていく」というメディアを主語とした語りには、メディア研究の特徴がはっきり現れている。それは、メディアが愚かな大衆を操作したという枠組である。メディア研究はメディアが主語でなければならないから、どうしてもこういう具合に「メディアに操作される愚かな大衆」という構図ができてしまう。メディア研究において論者がどういうスタンスを取るかは、意外に難しい問題なのである。「そんな細かいところにまで難癖を付けて!」と思われるかもしれないが、それは「甘い」というものだ。研究論文はどんな細部にまでも神経が行き渡っていなければならない。それにちょっとした「細部」にこそ、その人の隠された思想が表れてしまうものなのだ。「神々は細部に宿る」のである。

さて、この論文は『少年世界』の外部に線を引きまくることで成り立っていたが、構築主義の外部に線を引くことでほころびも抱え込んでしまった。まことに、線を引くことは難しい。

線を引き直す——久米依子「少女小説」

少女小説　　　　　　久米依子

ここで『少年世界』の中の〈差異〉について改めて考察するために、同誌を論じた成田龍一の論文「『少年世界』と読書する少年たち——一九〇〇年前後、都市空間のなかの共同性と差異——」(『思想』平成六年十一月、一九三頁〜二二一頁)を取り上げたい。『少年世界』を通して、日本の「近代都市空間」の「制度化」を検証した論文である。

論はまず、国民国家形成期においては初めに他者との差異をもとに国民である「われわれ」の共同性＝「想像の共同体」が創出され、次にその共同性の内部の微細な差異・多様性が競われる段階にいたる、という見地に立つ。そして一九〇〇年前後の日本の空間の均一化と、均一化のもとでの多様性——近代的「都市空間編成」の「原理」と「変化」——を『少年世界』の記事から分析する。それによれば『少年世界』の各種の記事は、中国人や「野蛮人種」を他者とし、「かれら」とは異なる優れた価値・記憶・感情を共有する「われわれ」である日本人意識を確認・強調するメッセージを発している。さらに『少年世界』の小説を中心とした記事の中で、「われわれ」共同性の「内部の差異」が示され、互いに照応する「差異の体系」があらわれている、として以下のように述べている。

戦争、歴史、言語と詩、人種という拠点によって、『少年世界』は、「われわれ」／「かれら」の区分をおこない、「われわれ」の共同幻想と、「想像の共同体」としての「われわれ」(B・

アンダーソン）をつくりあげた。だが、同時に、『少年世界』は主として「小説」欄と「少女」欄をつうじて、「われわれ」内部の差異にも言及している。

（「一『少年世界』の世界　2差異の提示」二〇四頁）

確かに『少年世界』は日本人としての共同体意識を強烈にかきたてる雑誌であり、「日本帝国を担ふ」「少年諸君」を編成するメディアであった。その点は成田論文の指摘する通りであるが、ただし問題はその後の「内部の差異」の捉え方にある。というのも、この論文の枠組みでは、「内部の差異」の把握が不徹底にならざるをえないと思われるのである。成田論文は『少年世界』の小説と「少女欄」の記事を幾つか取り上げ、それらが提示している具体的「差異」を以下のように列挙している。

学友を典型とする集団内において、父親の職業、学業の優劣、進学の可否、性格、ライフスタイル、身のまわりの物、しぐさやふるまい、言葉遣いにみられる「差異」が提示される。（二〇四頁）

学校という場で、「われわれ」の共同性が語られ、進学をめぐる「差異」が提示され、男子／女子の「差異」も表出させられていくのである。（二〇九頁）

ここでは「男子／女子の差異」は、「内部の差異」の一つとして扱われている。成田論文によればこれらは照応して差異の体系をつくりあげる「共通項のなかの差異」、「同じ人間のなかでの差異」である。しかし果たして「男子／女子」は、そのように他と並記しうる「差異」だったのだろうか。

引用文では『少年世界』の小説の中に描かれた「父親の職業、学業の優劣、進学の可否、性格、ライフスタイル、身のまわりの物、しぐさやふるまい、言葉遣い」といった「差異」が挙げられているが、これらは実は、個人の努力や幸運によって克服・変更可能な「差異」だといえよう。つまり、日本人として一体化した「われわれ」に共通して方向付けられた上昇過程を志向し、梯を昇ることで解消されうる「差異」なのである。またその上昇による解消という目標が共有されるからこそ、「われわれ」の一体感がさらに増強されるという「差異」でもある。即ち最終的には共同体の強靱さを支えていく、まさに「内部の差異」であり、均質化を推進する「多様性」であるといえよう。

しかし「男子／女子の差異」は、そのようなレベルにとどまるものではない。「父親の職業」や「学業の優劣」のように、一定の上昇過程を経ることで改変・逆転しうる差異ではない。生物学的な交換不可能性は勿論のこと、社会的諸制度の上でも越境することができない明確な区分規定がなされていたのである。だからこそ『少年世界』は、先に引用した巖本善治「裁縫科の勉強」を始めとする「少女欄」や少女小説の言説の中で「男子／女子」が決して乗り越えられない・解消されない差異であることを繰り返し語ったのであり、少女のみに課せられる厳しい規範を訓戒して差異の根拠を保証し、読者に教示し続けたのである。それが結局、少年読者に少女小説の廃止——暗黙裏の少女読者の排除——を要求する根拠を与えたといえよう。

従って成田論文の用語を借りて言うならば、「われわれ」と異なる「かれら」として少女を括り出してしまう事態が『少年世界』の誌面で展開進行したのである。中国人や「野蛮人種」のように外部ではなく、「われわれ」の内部に異質な他者としての少女が見出される。この〈内なる「かれら」〉を否定的媒介項として、中心となる「われわれ」=日本人男子の純度・一体感はさらに高められるのである。

しかし成田論文は『少年世界』に終始一枚岩のような「われわれ」の創出をみようとしたため、「男子／女子の差異」を「内部での微細な差異」と同列にみなしたと考えられる。同論文は後半部分（「二『少年世界』の「読者共同体」とその位相」）で、『少年世界』の読者が読書行為を通じて「読者共同体」を作り上げたことに着目しているが、その読者共同体が「男子／女子の差異」をめぐって揺らいだことには触れていない。あくまで『少年世界』内部では堅固な単一の共同性が成立したという「原理」が確認され続け、結果的に「男子／女子の差異」は軽視されたのである。しかしこのような論の展開は、解消不能でしかも一方的に押しつけられた文化的な性差の存在を見逃すのみならず、隠蔽する危険性を持つといえるのではないだろうか。

少なくとも『少年世界』においては「男子／女子の差異」は、共同性を強化するさまざまな

「微細な差異」とは位相を異にし、共同性そのものを突き崩して「読者共同体」に亀裂を入れるほどの重要な差異であった。だからこそ少女小説は誌面から一旦追放されてしまうのである。

「愛される」少女の時代

『少女世界』にとって拠り所となる新しい〈少女らしさ〉は、小波が提唱した「愛」の観念から派生した。先に一部引用した創刊間もない頃の論説「愛の光」(明治三十九年十一月五日)において小波は「自分は女であると云ふ事を、飽くまでも覚えて居ていたゞき度い」と述べた後、「女らしくすると云ふ事は、私に云はせると、取りも直さず、愛を持つと云ふ事です」「親に対し、師に対し、姉妹に対し、朋友に対し、果は博く世間に対して、この愛の深ければ深いほど、身に段々と光の付いて来るものです」と説いた。即ち、親・世間に従うという受動的な服従姿勢ではなく、自己の「愛」によって「女である」ことを守るよう求めたのである。「女らしく」という行動原則は不変でありながら、それを支える原理に主体的「愛」を置く――そこに〈自主的に選択した女らしさ〉へと少女を追い込む巧妙な論理操作を見ることもできよう。

ところが小波が述べた内面的「愛」の問題はその後、外面的「愛らしさ」へと転換されてしまう。小波の論を受けて翌年、編集者・沼田笠峰は以下のように述べた。

少女諸君《みなさん》! 昔から少女は、世にも愛らしいものとして、詩や歌などにも、しば〳〵歌はれて居るのであります。（略）これは、先達て巖谷先生がお述べになりましたやうに、『愛の光』がひらめいて居るからであります。少女自身に、愛の心があるので、自然外からも愛らしく見えるのであります。（略）私が思ひますには、少女らしくして居るものこそ、真に愛らしいのである、と。（略）読めもせぬ書物を買つて、読むふりをしたり、知りもせぬことを、知つたやうに装うたり、或はまた、自分より遥かに年上の人と交際したり、とかく大人らしくしたがるものも、往々《まゝ》見受けるのでありますが、これ等は皆、少女にして、少女にあらず、厭ふべくして愛すべきにあらず、笑ふべくして褒むべきにはあらざる少女であります。（略）されば、皆さんは、赤ん坊らしくもなく、また大人らしくもなく、どこまでも少女のやさしい、あどけない、ハキ〳〵した心を失はずして、至るところで、愛せられるやうにならねばなりませんよ。

（沼田笠峰「少女教室」明治四十年二月一日）

小波が他者のための「愛」を説いたのに対し、笠峰は他者から「愛される」ことを重視し、そのために「愛らしく」＝「少女らしく」振る舞うよう注意する。「外からも愛らしく見える」ことが少女の条件となったのである。ここに新たな〈あるべき少女像〉の形成を認めることができよう。少女らしさは、「温和にして道理に従うこと」（前出・三輪田）「高潔貞淑」（山脇）「分を忘れない事」（小波）から「愛らしさ」「あどけなさ」を基調にしたものに切り替わった。同じく課せられた〈少女らしさ〉であるが、厳しい監視ではなく、一見緩やかなそれでいて周到な枠を当てはめようとしている。その視線は「大人らしくしたがる」ことを抑制し、成長を急がずに少女のままでいるよう要請している。これまでは、やがて良妻賢母と成るために必要な知識・技術をできるだけ早く身に付けるよう諭されていたが、少女時代の「あどけなさ」が賞揚されることになり、務めを果たすべき者から愛玩される者へと、少女の価値基準が変容したといえよう。

これが、時代の中に生まれた新しい少女へのまなざしであった。田山花袋はそのまなざしに則り、『少女世界』に連載した巻頭詩において「あゝ秋の神、秋の神、／うつくし神の織り成せる、／紅葉の錦、着てかへる、／少女《をとめ》すがたのいかに艶なる」(「口絵に題す(紅葉狩)」明治三十九年十月五日)「憧憬《あくがれ》や、煩悶《もだえ》や、夢や、／いく千年《ちとせ》すぎし昔の／恋の歌、口にしつゝも、／恋知らぬ少女子《をとめご》あはれ」(「口絵に題す(かるた会)」明治四十一年一月一日)「振り下けの黒髪艶に、／彩ふかきリボンのにほひ、／さびしさの、さむさの場《には》に、／あはれこのうつくし姿」(「口絵に題す(学校通ひ)」明治四十年二月一日)等々、少女の美しさ——むしろ蠱惑的とも言うべき、無意識に発散される官能美を発見・賛美している。成人男性による少女への密かな賞翫が、他ならぬ少女雑誌で当の少女達に披瀝されたのである。

こうして少女読者達は雑誌の誌面を通じて、どのようなまなざしが自分達を「愛らしい」と捉え、尊重するのかを学ぶことになった。メディアが先導し位置付けた新しい少女像を、読者自らが積極的に取り込み、内面化する。今日に通底するメディアと少女読者の関係が、この時代に本格的に成立したといえよう。そして「愛らしさ」によって計られるようになった少女達は、従来の規範からある程度解放されたと同時に、外側のまなざしに絶えず気を使い、まなざされ続けることで自己の価値を高めようとする意識を身に付けていくことになるのである。

明治四十年代を迎えた時にメディアは、古い規範から逸脱しようとする少女達を厳しく抑圧するのではなく、新たな枠組みで捉え直そうとした。少女雑誌はこうした読者とのせめぎあいを抱えながら、〈少女〉に対する価値観・価値基準を読者と共有化しようと図りつつ、少女に関する言説を流布させていったと考えられる。いわゆる〈少女文化〉は、決して乗り越えることのできない性的〈差異〉を強制すると同時に、解放区でもあるというこの二重性の中で花開くことになるのである。

一方、少女の魅力を賛美する感性は田山花袋によって、成人向けの雑誌でも小説「少女病」(『太陽』明治四十年五月)に展開される。これは明治四十年代に入り自然主義と共に確立された〈文学〉に、少女に官能美を見出すまなざしが取り入れられたことを示していよう。そう考えれば、この時代に新たに組織・編成されていく〈文学共同体〉もやはり、少女に新たな差異を付与し、周到な抑圧を課すことに荷担したといえるだろう。成人向けの〈文学〉においても、成田論文が言うような読者によって成立する「われわれ」共同性を通して、やはり「男子/女子」は解消されない差異として見出され、差異を強化する言説が繰り返し生産されることになるのである。

† 「はじめに」はキッチリ書こう

出典は、久米依子「少女小説——差異と規範の言説装置」（小森陽一、紅野謙介、高橋修編『メディア・表象・イデオロギー　明治三十年代の文化研究』小沢書店、一九九七・五）である。

この『メディア・表象・イデオロギー』は近代文学研究者が、徒党を組んで（失礼！）カルチュラル・スタディーズの成果を華々しく世に問うた記念すべき本だった。徒党を組んでいたからよく目立ったし、反発も買ったが、近代文学の学会誌がカルチュラル・スタディーズの論文で埋め尽くされるようになったのはこの本以降である。ただ、久米依子の論文は少し肌理《きめ》が違って、僕はこの本の論文では一番好きだ。久米依子は少女小説の研究者としてよく知られていて、この論文もその一環である。

ついでに言えば、この本は「明治三十年代研究会」の成果のようだが、僕は文学研究は孤独な仕事だと思っているから、こういう共同研究はどうしても肌が合わない。いまは、全国的な学会に二つ所属しているだけで（それもあんまり気が乗らないし、もう一つは喧嘩をして辞めた）、いかなる研究会にも所属していない。それでつい「徒党を組んで」などと嫌味を言ってしまうのである。その意味でも、僕のバイアスがかかっていることを否定しない。

さて、ここでこの久米論文の「はじめに」に当たる部分の全体を引用しておこう。きわめてキッチリ書かれた「はじめに」であって、これだけ「はじめに」がキッチリ書かれていれば、論文が失敗することはふつう考えられない。

ちなみに、「はじめに」は本当にはじめに書いてもいいが、ふつうは論文を書き終わってから最後に書くか、あるいは書いてあった「はじめに」を手直しするものだ。「はじめに」を書きっぱなしにできるほど、僕たちの論文はちゃんと言うことを聞いてくれるわけではない。書いているうちに構想が変わったり、新たな資料が出てきたり、新たな読みが加わったりと、いろいろなことが起きるのがふつうだ。論文は生き物だということを知っておかなければならない。

明治三十年代は、それまでの「女子」に代わり「少女」という呼称が一般化した時代である。ただし、そこから生じた新たな「少年／少女」の区分は、単純な対の性別表記とみなせる「男子」と「女子」に比べ、権力的な差異を示す記号と受け取れるものであった。そもそも年少者全体を表わしていた「少年」から「少女」を分離独立させた背景には、男子と女子の差を表現上でも明示したいとする時代意識の要請がある。それはまた国家共同体の基盤が整う中で正常・中心を強化し、弾き出され区分される側に厳しい制約を負わせようとする社会全体の動きと連動していたといえよう。

本稿ではこの「少女」というカテゴリーの成立と「少女」に課せられた規範の変遷を、明治二十年代末から三十年代の少年少女雑誌の言説――特に少女小説からたどる。それによって年少者にも及んだ近代的ジェンダーの様相を確認し、またそれを読者に媒介し伝播したメディアの役割についても考えたいと思う。

はじめの「明治三十年代は、それまでの「女子」に代わり「少女」という呼称が一般化した時代」というたったこれだけのことを書くためだけに、どれだけの調査が必要だったか、想像してほしい。それだけ年季の入った論文なのだ。こういう調査の基本は大学で身に付けるしかない。

†線を引き直せば、論争がはじまる?

これだけの見取り図を読めば、久米がなぜ成田論文を批判しなければならなかったのかが、よく理解できるはずだ。久米は成田論文と同じような詳細な調査から、この時代の「公共領域での女子の価値が限定され、家内領域の存在と確定されていく時代状況」を考えれば、『少年世界』における「少女欄」の開設は女子の重視というより、男子と同様には扱えなくなった女子を何とか読者に取り込むための必要措置だった」と、この論文のはじめの方で述べている。

しかし、結果としては「中国人や「野蛮人種」」ほどではないにせよ、「少女」は「「われわれ」の内部」の「異質な他者」として排除されてしまう。その排除の力を利用して「中心となる「われわれ」＝日本人男子の純度・一体感はさらに高められる」と言うのだ。これは「いじめ」について考えただけでもすぐにわかる理屈である。「われわれ」の中から一人を「他者」として排除することで「われわれ」の一体感を強める力学である。

しかし、排除しても現実に「少女」がいることにはかわりはない。そこで「少女」用のポジションを作らなければならなくなる。それが「愛」にあふれた「少女らしさ」というイメージであった。ただし、自分から能動的に愛してはいけない。受動的に「愛される」のが「少女」のポジションになる。これが、久米の論理である。実際、この「少女欄」には、時代状況に対応するように、受動的な女子ばかりが描かれるのである。そして、『少女世界』においても、まなざされ、愛される少女ばかりが描かれている事実を、久米はつきつけるのである。

これは、当時ごく一般的な少女像だった。僕の知っている範囲でも「女子は愛するよりも、多く愛されるゝものなり、男は愛して幸福なり、女は愛されて幸福なり」(鈴木秋子『女子の見たる女子の本性』嵩山房、明治三八年五月)といった言説は、当時繰り返し繰り返し語られていたのだから。こういう「男子／女子」に関する社会的な差異(もはや「差別」というべきか)は、何によっても解消され得ないものだったと、久米は成田をするどく批判するのである。

要するに、久米依子は「男子／女子」の間に引かれた線をもう一度キッチリ引き直すことで、成田龍一が「男子／女子の差異」を「われわれ」の「「内部の差異」の一つ」として扱ったことへの異議申し立てをおこなったのである。「男子／女子の差異」はその程度のものではない、もっと強烈な力学によっていた、と。いったん引かれた線を引き直すだけで、批判的なもう一本の論文が書けてしまうのである。もちろん、それは調査のやり直しというシンドイ作業を伴っているが。

そして、久米論文を僕たちの文脈で意味付ければ、成田論文が一九〇〇年前後の変容をストーリーで語っていたとするなら、久米論文は〈その変容は「少女」を排除するためだった〉と、小さな「なぜ」に答えていることになる。成田論文から久米論文への流れは、「ストーリー系の論文」から「プロット系の論文」への流れでもあった。

ここで論争が起きれば面白かったし、議論が深まった可能性もあるのだが、成田は自論を訂正せず、『近代都市空間の文化経験』の当該論文の「後ろ書き」でこの久米論文に謝辞を述べただけで、この批判をいなしてしまった。「大人」の対応と言うべきか。しかし、これだけきちんとした批判に対しては、再批判をもって応えるのが研究者としての仁義というものではないだろうか。

日本には「批判」ははしたないこととするような風潮がある。こういう事なかれ主義の風潮が、研究をいかに中途半端なものにしてきたか、よくよく考えるべきだろう。君たちも、研究者のように命を懸けろとまでは言わないが、教室で一度口にした意見には責任を持って頑張り通してほしいし、一度書いたことも頑張り通してほしい。ただし、アドバイスを上手に吸収しながらという条件付きでの話である。

最後のまとめを一言。杉田敦が言うように、政治が「境界線を引くゲーム」だとすれば、研究もまったく同じだと言っておこう。それが、「たった一つの方法」なのである。

あとがき

大学の教員になってからもう二〇年以上になる。その間、大学一年生が、高校までの授業と大学の授業があまりに違っているので、とまどう場面に何度も立ち会ってきた。放っておいてもそのうちに大学生活には慣れるのだが、文章は放っておいたのではなかなか「大学生」にはならない。

早稲田大学に移ってからも、高校生の「作文」レベルで四年生になってしまった不幸な学生に何度か遭遇したことがある。僕は、それがすべて学生の責任だとは思わない。大学での教育にも欠陥があると言わざるを得ないと思っている。そこで、いま早稲田大学教育学部では他学科の教員とも連携して、密かに「鬼教師の会」を作っているところだ。高い学費を払ってもらっている以上、それに見合った教育をするのは当然の義務だろう。

僕は大学一年生の必修の授業では「大学は、高校とは違うのだ」ということを身をもって体験してもらうような授業を行っている。大型書店巡りのススメや、レポートの形式を覚えてもらうことから始まって、最後には知的な思考の方法を覚えてもらうこと、具体的には二項対立を覚えてもらうことを目指している。やる気のある学生なら、半期の授業でも十分それを身に付けてくれる。

それに、大学生は教室だけで勉強するものではない。教室の外でも勉強するのが、大学生というものだ。ところが、いまの学生諸君は大学を予備校と間違えているのか、教室で勉強すれば「大学生」になれると思いこんでいるようだ。そうではないのだ。大学の教室で学ぶことは、大学で学ぶべきことの半分にも満たない。教室の外でいかに学ぶか、それがまともな大学生になれるかそうでないかの違いだと断言できる。

そこで、僕は学生に教室の外で学ぶ方法を教えることになる。図書館へ行きなさい、大型書店に行きなさい、本は身銭を切って買いなさい、いまこんな本が話題になっているから読んでおきなさい……。そんなことを言っては、学生を焚きつけるのだ。教室で「教室の外で学びなさい」とアドバイスするのは滑稽な話だが、それがいまの多くの学生諸君には必要だと思っている。

この本は、そういう僕の教師としての経験を生かして書いたものだ。そういう意味では、文字通り「秘伝」かもしれない。

なお、この春に僕の授業の実践編を『学生と読む『三四郎』』(新潮選書)として刊行した。このちくま新書と重なるところもあるが、新潮選書の方は「物語的エッセイ」というスタイルになっているし、実際に成城大学の学生諸君が書いたレポートも許可を取って披露してあるから、この本とセットで読んでもらえるとありがたいと思っている。

この本の第一部は、少し以前に『ユリイカ』（青土社、二〇〇四・三）に書いた四〇枚のエッセイがもとになっている。それを筑摩書房の山野浩一さんに読んでもらったところ、新書にしましょうということになったのだ。大学生諸君の役に立つようにと、これを四倍にまで加筆し、さらに第二部を新たに書き下ろした。刊行の時期までお願いしておきながら、例によって原稿はなかなかできあがらなかったが、いつものように自由に書かせてくれた。しかも、今回はそのほかにも何かとご苦労をおかけしてしまった。山野さんには心からお礼申し上げたい。

二〇〇六年五月

石原千秋

ちくま新書
600

大学生《だいがくせい》の論文執筆法《ろんぶんしっぴつほう》

二〇〇六年六月一〇日　第一刷発行
二〇二二年五月二〇日　第九刷発行

著者　石原千秋（いしはら・ちあき）
発行者　喜入冬子
発行所　株式会社 筑摩書房
東京都台東区蔵前二-五-三　郵便番号一一一-八七五五
電話番号〇三-五六八七-二六〇一（代表）
装幀者　間村俊一
印刷・製本　株式会社 精興社

ISBN978-4-480-06310-6 C0280